Adriana Di Palma

Compendio di Diritto pubblico e Scienza delle finanze

MNAMON

Sommario

Sezione 1. Diritto pubblico

Sezione 1

DIRITTO PUBBLICO

PARTE PRIMA

DIRITTO COSTITUZIONALE

Modulo 1. Lo Stato

Unità 1. Elementi costitutivi

Il **concetto di Stato** può essere inteso in due modi distinti:

- come *organizzazione* di un popolo su un territorio, sotto una potestà d'imperio (sovranità), per il raggiungimento di fini collettivi. In questo caso si parla di **Stato-comunità**;
- come *apparato* che esercita il potere politico su un determinato territorio. In questo caso si parla di **Stato-apparato**.
- Riguardo alla prima definizione occorre distinguere gli elementi costitutivi dello stato che sono:
- **il popolo**, formato da tutti coloro che sono riconosciuti come cittadini dello stato e che acquistano la cittadinanza per **nascita**, per **matrimonio** o per **concessione**.
  - **Nascita**: occorre essere figli di genitori italiani o essere nati in Italia da genitori ignoti o essere stati adottati da genitori italiani (se maggiorenni, devono trascorrere cinque anni);
  - **Matrimonio**: dopo due anni di convivenza dalla stipula ridotti ad uno se si diventa genitori di figli legalmente riconosciuti;
  - **Concessione**: figli o nipoti di cittadini stranieri ma italiani per nascita o stranieri nati in Italia che acquisiscono la cittadinanza al compimento del diciottesimo anno di età (elezione); residenza in Italia per dieci anni o svolgimento di servizio alle dipendenze dello stato italiano per almeno cinque anni (naturalizzazione);

- il **territorio**, che comprende quella parte di **terraferma** delimitata dai confini, compreso lo **spazio aereo** sovrastante, il **sottosuolo**, lo **spazio marittimo** nella misura di 12 miglia marine dalla costa;
- **La sovranità** che si configura come quel potere che *sta al di sopra* e che non riconosce alcun altro potere superiore al suo.

Nelle odierne democrazie tale sovranità si realizza attraverso il potere legislativo, il potere esecutivo e il potere giudiziario, per mezzo degli organi che tali poteri esprimono (Parlamento, Governo, Magistratura). Tali organi possono essere individuali (Presidente della Repubblica) o collegiali (Parlamento).

Unità 2. Evoluzione storica delle forme di Stato

Sotto il *profilo storico* distinguiamo:

- Lo Stato teocratico: l'idea di teocrazia affonda le radici nell'antichità (Egitto dei Faraoni) e dopo un lungo periodo di crisi in età moderna in cui il concetto di teocrazia venne considerato irrazionale e arretrato, oggi in diverse nazioni come l'Iran(dopo la rivoluzione degli Ayatollah) o l'Afganistan (Emirato Islamico dei Talebani e Sharia dal 2021) vige un sistema con norme che regolano le società basate su principi religiosi e limitazioni estreme alle libertà personali sulla base di precetti morali.
- lo **Stato assoluto**: nasce dalla dissoluzione dello stato feudale, in cui il sovrano è al di sopra delle leggi che egli stesso emana, ma in cui è già netta la distinzione tra potere politico e potere economico;
- lo **Stato liberale**: nasce a seguito della rivoluzione inglese, francese e americana, in cui il potere del re è sottoposto alla costituzione ed alle leggi, dove vige la separazione dei poteri.

È dunque uno stato di diritto ma su base sociale ristretta, per cui non è uno stato democratico. Incapace di affrontare le grandi questioni sociali (*movimenti operai/ rivolte contadine*), crolla o favorendo la nascita di regimi autoritari di destra (*fascismo, nazismo*) o di sinistra (*socialismo*);

- lo **Stato fascista**: nasce dopo la prima guerra mondiale, abolisce le libertà civili e politiche, concentra il potere nelle mani di un capo; il parlamento perde il carattere elettivo e diventa un organo di ratifica delle decisioni del governo, si fonda su un partito unico, usa la forza per distruggere gli avversari politici ed ha un rapporto demagogico con le masse. È, perciò, uno stato totalitario;
- lo **Stato socialista**: nasce dalla rivoluzione russa del 1917 e si basa sull'abolizione della proprietà privata, dei mezzi di produzione, sull'economia collettivistica attraverso la pianificazione industriale (lo stato fissa degli obiettivi produttivi cui le singole unità devono attenersi), sull'idea dell'uguaglianza economica e sociale. Per perseguire questi obiettivi adotta gli stessi strumenti dello stato fascista (partito unico, abolizione libertà civili e politiche, soppressione del dissenso attraverso l'intimidazione e la violenza) dunque è anch'esso uno stato totalitario;
- lo **Stato democratico**: è quello odierno. È basato sul suffragio universale, sul pluralismo tra i partiti e si regge su un compromesso tra le parti sociali: le classi popolari godono dei diritti politici e la borghesia mantiene il controllo sui mezzi di produzione. Lo stato però interviene nell'economia attraverso politiche fiscali e redistributive. Attualmente vige un ulteriore tipo di Stato, consolidatosi in varie parti del mondo a seguito della dissoluzione sia delle dittature militari diffuse in America latina, sia delle ex Repubbliche socialiste sovietiche, noto come "autocrazia" in cui apparentemente vigono le istituzioni democraticamente elette ma che, a causa di diversi

vizi relativi al momento della formazione del consenso politico (libertà di espressione veicolata verso un partito attraverso meccanismi distorti di propaganda come quelli presenti nei social network, controllo degli stessi, gravi sanzioni verso quelli catalogati come reati di opinione,) portano di fatto al ridimensionamento della concorrenza politica ed alla conferma degli stessi leader per lunghissimi periodi (Erdogan in Turchia, Putin in Russia, Maduro in Venezuela, Orbàn in Ungheria).

Unità 3. Profilo strutturale

Sotto il *profilo strutturale* distinguiamo:

- lo *Stato unitario*: è costituito da un unico popolo, stanziato su un unico territorio e sottoposto ad un unico potere d'imperio (sovranità). A sua volta lo Stato unitario può essere **accentrato**, basato su organi centrali con sede centrale e competenze sia legislative che amministrative che operano su tutto il territorio dello Stato, o **decentrato**, organizzato e suddiviso in enti territoriali (comuni, province, regioni) che hanno funzione amministrativa locale. L'ente **regionale**, in particolare, ha autonomia non solo amministrativa, ma anche, in determinati settori, legislativa.
- lo **Stato federale**: è composto e formato da un insieme di **Stati Federati** ciascuno con un proprio popolo, un proprio territorio, un proprio potere sovrano. Esso è nato dalla dissoluzione di uno **Stato Unitario** o dall'unione di più stati indipendenti. Lo **Stato Federale** si occupa di settori di interesse comune a tutti gli Stati membri (es. ordine pubblico, difesa esterna, relazioni internazionali, programmazione economica e monetaria) mentre tutte le altre materie sono attribuite agli Stati federati (giustizia, istruzione, sanità, cultura,

trasporti, opere pubbliche, ecc.). Lo **Stato Federale** ha due Camere, una rappresenta tutti i cittadini e l'altra ogni Stato federato.

Unità 4. Forme di governo

Tutti gli stati democratici sono caratterizzati da una pluralità di organi. Il modo in cui il potere politico è distribuito tra gli organi, determina le **forme di governo**. Esse sono:

- **Presidenziale** (USA): il potere esecutivo (capo dello stato e ministri) e il potere legislativo (parlamento) sono affidati a due organi separati e indipendenti tra loro ed entrambi eletti dal popolo. Il presidente nomina i ministri ed è capo dell'esecuivo. Non è legato al parlamento dal rapporto di fiducia e non può neanche sciogliere le camere. Il Presidente può esercitare diritto di veto su tutte le leggi approvate dal Congresso, il quale può approvare i provvedimenti, nonostante il veto presidenziale, se raggiunge una maggioranza dei 2/3.
- **Semipresidenziale**: anche qui il presidente della repubblica è eletto dal popolo e non è responsabile di fronte al parlamento; egli designa un governo che deve avere la fiducia del parlamento, organo che il presidente della repubblica può sciogliere.
- **Parlamentare**: in questo caso il parlamento, eletto dal popolo, è al centro del sistema: non solo ha funzione legislativa, ma controlla il governo ed il suo operato attraverso il rapporto di fiducia e l'approvazione del bilancio dello Stato; quando questa funzione viene a mancare, il governo è costretto a dimettersi. Fa da contrappeso il potere del capo dello stato, di nomina non popolare, che può sciogliere le camere e indire elezioni anticipate.

Unità 1. Evoluzione storica

Notizie storiche:

1848	**Statuto Albertino**, emanato da Carlo Alberto. Legge fondamentale del Regno d'Italia. Caratteristiche: • concesso dal Re; • breve (84 articoli più disposizioni generali e transitorie); • flessibile (modificabile senza particolari procedure, solo con leggi ordinarie).
1861	Unità d'Italia.
2 giugno 1946	Referendum monarchia/repubblica; elezione assemblea costituente ed elaborazione della Costituzione.
1° gennaio 1948	Entra in vigore la costituzione.

Unità 2. Caratteristiche

Le caratteristiche della Costituzione sono:

- **votata** articolo per articolo dall'assemblea costituente eletta dal popolo;
- **lunga**, presenta numerosi articoli (139);
- **rigida**, viene modificata solo attraverso un procedimento di revisione parlamentare lungo e articolato;

- **compromissoria**, nasce da un compromesso di idee e valori presenti nell'animo dei padri costituenti, liberali, socialiste, cattoliche;
- **programmatica**, esprime programmi, dunque progetti da tradurre in fatti attraverso la successiva approvazione delle leggi che invece sono precettive (direttamente applicabili e vincolanti).

La **forma di Stato** stabilita nella costituzione è *democratica* (divisione dei poteri, suffragio universale), la **forma di Governo** è *parlamentare*.

COSTITUZIONE

- **FORMALE**: insieme delle disposizioni fondanti di uno Stato
- **MATERIALE**: insieme di norme e principi effettivamente vigenti in un dato momento in uno Stato

Unità 3. Partizione

La Costituzione è così suddivisa:

Preambolo	Principi fondamentali	artt. 1-12
Parte prima	Diritti e doveri dei cittadini • Rapporti civili • Rapporti etico-sociali • Rapporti economici • Rapporti politici	 artt. 13-28 artt. 29-34 artt. 35-47 artt. 48-54

Parte seconda	Ordinamento della Repubblica • Il Parlamento • Il Presidente della Repubblica • Il Governo • La Magistratura • Le Regioni, la Provincia, i Comuni • Garanzie Costituzionali	 artt. 55-82 artt. 83-91 artt. 92-100 artt. 100-113 artt. 114-133 artt. 134-139
Disposizioni transitorie e finali	artt. I-XVIII	

Unità 4. Principi generali

I primi dodici articoli della Costituzione italiana, enunciano i **principi fondamentali** su cui si basa la società civile ed i rapporti tra essa e lo Stato.
I diritti inviolabili dell'uomo sono *diritti fondamentali* che spettano ad ogni persona in quanto tale. Sono *diritti naturali* perché competono alla persona in quanto esistente in vita, ed *ineliminabili* in quanto non possono essere aboliti nemmeno modificando la Costituzione.

Il principio del lavoro e quello della solidarietà sono affermati negli art. 1-2 e 4 della Costituzione.
L'uguaglianza è un altro principio affermato dalla Costituzione, art 3. È intesa in senso *formale* o *sostanziale.*
L'uguaglianza in senso formale è prevista da una norma precettiva, cioè una norma che ha carattere vincolante, e riconosce che tutti i cittadini sono uguali di fronte alla legge.

L'uguaglianza in senso sostanziale è prevista da una norma programmatica, cioè una norma che non è immediatamente efficace, ma vincola lo Stato alla realizzazione di determinati programmi, e consiste nel garantire a tutti pari opportunità, soprattutto a coloro i quali partono svantaggiati sotto l'aspetto economico e sociale.
Il principio del decentramento è fissato nell'art. 5. Negli art. 7 e 8 la libertà religiosa e in quelli 10 e 11 il principio internazionale e il ripudio della guerra.

Unità 5. Art. 13 - 54, Diritti e doveri dei cittadini

La Costituzione disciplina alcuni diritti di libertà che possono essere soggetti a limitazioni solo nei casi previsti dalla legge (*riserva di legge*) ed in seguito ad un provvedimento motivato dall'autorità giudiziaria (*riserva di giurisdizione*).
La libertà personale consiste nella libertà da costrizioni fisiche o psichiche (**art. 13**).
L'autorità di P. S. può procedere all'arresto in flagranza o al fermo di polizia di una persona solo se vi è pericolo di fuga, ma il provvedimento va comunicato entro 48 ore all'autorità giudiziaria che deve convalidarlo entro le successive 48 ore. Anche la custodia cautelare o carcerazione preventiva, è ammessa per i reati più gravi e nei casi previsti dalla legge nei confronti di persona in attesa di giudizio e non può durare più di due, quattro o sei anni a seconda della gravità del reato commesso.
La libertà di domicilio (**art. 14**) attribuisce ad ogni persona il diritto di escludere intromissioni, da parte di soggetti privati o pubblici, nella propria vita privata. Qualsiasi intromissione della pubblica autorità in un domicilio privato (perquisizioni, ispezioni) è sottoposta agli stessi limiti previsti per la libertà personale.

La libertà e segretezza nelle comunicazioni (**art. 15**) consiste nel diritto di comunicare liberamente o segretamente con chi si vuole senza che altri possano impedirlo o venire a conoscenza dei contenuti. Anche in questo caso possono esservi delle limitazioni, ma non sono ammessi provvedimenti provvisori dell'autorità di P. S.: le intercettazioni infatti vanno disposte soltanto dall'autorità giudiziaria.

La libertà di circolazione e di soggiorno (**art. 16**) consiste nel diritto di muoversi e risiedere liberamente in qualunque parte del territorio dello Stato. Tale libertà, però, è riconosciuta soltanto ai cittadini italiani e dell'UE, mentre gli extracomunitari sono sottoposti a leggi speciali. Può essere oggetto di limitazioni soltanto nei confronti di intere categorie, per motivi sanitari o di sicurezza.

La libertà di riunione (**art. 17**) consiste nel diritto di riunirsi in modo pacifico e senza armi anche in luogo pubblico; non necessita di autorizzazione, ma solo di un preavviso al questore tre giorni prima, che può vietare o sciogliere la riunione solo per motivi di sicurezza pubblica.

La libertà di associazione (**art. 18**) consiste nel diritto di associarsi liberamente per fini non vietati ai singoli dalla legge penale. Sono espressamente vietate le associazioni criminali, le associazioni segrete, le associazioni paramilitari, le associazioni sovversive, le associazioni per la ricostruzione del partito nazionale fascista.

La libertà religiosa (**art. 19**) consiste nel diritto di avere o di non avere una fede religiosa, nel diritto di professarla anche in luogo pubblico, e di praticarne il culto a condizione che non sia contrario al buon costume. Le confessioni religiose per la nostra Costituzione sono ugualmente libere davanti alla legge; mentre i rapporti tra lo Stato e la Chiesa cattolica sono disciplinati sulla base dei Patti Lateranensi (Stato e Chiesa sono, ciascuno nel proprio ordine, indipendenti e sovrani), i rapporti tra lo Stato e

le altre confessioni religiose sono disciplinati dalla legge in modo unilaterale previa intesa con le confessioni religiose.
La libertà di manifestazione del pensiero (**art. 21**) consiste nella libertà di esprimere la propria opinione con qualsiasi mezzo, salvo il limite costituito dal *buon costume* e da altri valori costituzionalmente garantiti (*diritti inviolabili, dignità della persona, segreto di Stato, ordine pubblico, istigazione a delinquere, apologia di fascismo*). Un capitolo a parte merita la **libertà di informazione**, che comprende da un lato la libertà di *informazione-diritto* dei media di informare senza ingerenze da parte del potere politico, e dall'altro la libertà *all'informazione*-diritto dei cittadini di essere informati in modo imparziale e obiettivo attraverso il pluralismo informativo cioè attraverso l'esistenza di una pluralità di mezzi di informazione.
I rapporti sociali ed economici sono disciplinati dall'art. 30 all'art. 47
I rapporti sociali riguardano la famiglia, la salute e l'istruzione e il lavoro. La costituzione definisce **la famiglia** (**art. 30, 31 e 32**) come società naturale fondata sul matrimonio (famiglia legittima distinta dalla famiglia di fatto), che si basa sull'eguaglianza morale e giuridica tra i coniugi e nei confronti dei figli.
La salute viene tutelata dalla Costituzione come diritto dell'individuo e interesse della collettività. In particolare lo Stato deve garantire cure mediche agli indigenti e predisporre i trattamenti sanitari obbligatori solo nei casi previsti dalla legge e nel rispetto della persona. **La cultura** (**art. 33**) è libera in tutte le sue manifestazioni (arte scienza, insegnamento). **La scuola** (**art. 34**) è obbligatoria per otto anni e lo Stato deve aiutare i meritevoli, se indigenti, attraverso aiuti economici.
I rapporti economici, sono riconosciuti e tutelati sia i lavoratori come parte economicamente e socialmente debole, sia il lavoro come diritto e come dovere.

Inoltre, la Costituzione afferma alcuni importanti principi in materia di attività economica prevedendo che: (**art. 40 e 41**) la proprietà dei mezzi di produzione può essere pubblica o privata, l'attività economica è libera ma non può svolgersi in contrasto con l'utilità sociale o con altri valori costituzionalmente garantiti (sicurezza, dignità, libertà umana), la proprietà privata (**art. 42**) viene riconosciuta e garantita dalla legge, che ne determina i limiti allo scopo di assicurarne la funzione sociale.
I **rapporti politici**, sono disciplinati dagli **artt. 48, 49, 50 e 51** e attengono al diritto di voto, di associazione, alla petizione e al diritto di accesso ai pubblici uffici.
Accanto ai diritti costituzionali, vi sono anche alcuni doveri (**art. 52, 53 e 54**) sui quali la Costituzione pone una riserva di legge (nessuna prestazione personale o patrimoniale può essere imposta se non in base alla legge).
Il primo dovere consiste nella **difesa della Patria**, anche se, al contempo, la Costituzione afferma che la Repubblica ripudia la guerra pur non escludendo la legittimità di una guerra di difesa contro un'aggressione da parte di un altro Stato.
In passato tale dovere si concretizzava nello svolgimento del servizio militare (coscrizione obbligatoria). Dal 1 Gennaio 2005 il servizio militare di leva è stato sostituito da un servizio militare professionale.
Il secondo dovere consiste nel **concorrere alle spese pubbliche**, cioè di pagare i tributi (imposte, tasse e contributi) in base alla propria capacità contributiva ad un sistema tributario sostanzialmente progressivo.
Infine tutti i cittadini hanno il **dovere di essere fedeli alla Repubblica**, vale a dire di comportarsi in modo rispettoso delle norme giuridiche.

Unità 6. Art. 55 - 139, Gli organi costituzionali

Gli organi previsti dalla Costituzione sono:

- il Parlamento;
- il Governo;
- il Presidente della Repubblica;
- la Magistratura;
- la Corte Costituzionale.

Unità 1. Gli istituti di democrazia indiretta e diretta: il referendum

In uno Stato democratico la partecipazione popolare viene assicurata attraverso istituti di democrazia indiretta (rappresentanza parlamentare) così definiti in quanto il corpo elettorale non governa personalmente ma attraverso rappresentanti sia dello Stato che degli enti territoriali (Regioni, Province, Comuni) e istituti di democrazia diretta, attraverso i quali il popolo partecipa direttamente alla vita politica dello Stato, utilizzando degli strumenti che gli consentono di prendere delle decisioni politiche (referendum, leggi di iniziativa popolare, petizione).
Il più importante strumento di democrazia diretta è il referendum abrogativo.
Attraverso questo istituto è possibile che il corpo elettorale cancelli una legge semplicemente votando SI e la mantenga semplicemente votando NO.
Deve essere richiesto da 500. 000 elettori attraverso una raccolta firme organizzata dai comitati referendari, firme la cui autenticità viene controllata dalla Corte di Cassazione.
Sono previsti dei limiti all'esercizio del referendum contenuti nell'art 75 della Costituzione: non è possibile l'abrogazione (cancellazione) delle leggi di bilancio, tributarie, ratifica dei trattati internazionali, amnistia e indulto. La proposta soggetta a *referendum* è approvata se ha partecipato alla votazione la maggioranza degli aventi diritto, e se è raggiunta la maggioranza dei voti validamente espressi.
Il secondo istituto di democrazia diretta è la "Proposta di legge di iniziativa popolare", che va redatta in articoli e sottoscritta da almeno 50. 000 elettori. Tale proposta segue il normale iter di approvazione delle leggi, anche se difficilmente il Parlamento "lavora" questo tipo di proposte.

Il terzo istituto è la "Petizione" che consiste in una richiesta da parte di qualsiasi cittadino al Parlamento al fine di sensibilizzare l'Istituzione verso provvedimenti legislativi che soddisfino comuni necessità.

Unità 2. Il Parlamento

a) **Struttura**.

È un organo costituzionale rappresentativo dei cittadini con funzione legislativa, di indirizzo politico e di controllo nei confronti del Governo.

È costituito da due camere con medesime funzioni (*bicameralismo perfetto*) e con struttura simile, la Camera dei deputati e il Senato della Repubblica. Le due camere si differenziano sotto questi aspetti:

- il **numero dei membri** (400 alla camera tutti elettivi e 200 al senato elettivi + alcuni senatori a vita);
- l'**età minima** per l'elettorato attivo e passivo (18 Camera e 18 Senato - 25 e 40 senato);
- il **sistema elettorale** in entrambe proporzionale ma con premio di maggioranza su base nazionale per la Camera e su base regionale per il Senato.
-

Le Camere operano separatamente per ciò che concerne la funzione legislativa e la funzione di indirizzo e di controllo sul governo. Le Camere operano in seduta comune presiedute dal presidente della Camera dei Deputati, nei casi previsti tassativamente dalla costituzione:

- elezione del Presidente della Repubblica;
- messa in stato d'accusa del Presidente della Repubblica;
- elezione di 1/3 dei membri elettivi del C. S. M. e di 1/3 dei giudici della Corte Costituzionale.

La *legislatura* è il periodo di tempo durante il quale resta in carica il Parlamento (5 anni) e la Costituzione stabilisce il divieto di proroga dei poteri oltre questa durata.

b) **L'organizzazione**.
È disciplinata dalla Costituzione e dai regolamenti parlamentari: questi ultimi stabiliscono le norme che regolano il funzionamento delle camere e sono adottati a maggioranza assoluta dai componenti della camera. Gli organi interni alle camere sono:

- il **Presidente** che rappresenta la Camera, dirige i lavori parlamentari e garantisce l'osservanza del regolamento svolgendo le sue funzioni in modo imparziale, cioè al di sopra delle parti. Nell'espletamento delle sue funzioni è coadiuvato da un ufficio di presidenza che lo assiste (vice-presidenti, facenti veci del presidente, segretari con funzioni di gestione e verbalizzazione e questori, con funzioni di ordine interno);
- i **gruppi parlamentari**, sono raggruppamenti di deputati e senatori che rappresentano i partiti politici all'interno di ciascuna camera e che hanno un proprio presidente o capogruppo. In entrambi i rami è presente anche un gruppo misto formato da parlamentari indipendenti o fuoriusciti da altri partiti.
- le **commissioni parlamentari permanenti**, sono formate da un numero ridotto di deputati o senatori e sono competenti in alcune materie indicate dalla legge (ad es. Giustizia, Difesa, Bilancio, Lavoro ecc.) e riproducono, su scala ridotta, la composizione politica della camera cui si riferiscono. Esistono anche commissioni bicamerali formate da deputati e senatori con compiti di controllo e consultivi. *Le commissioni speciali o straordinarie*, si occupano di questioni di interesse generale e cessano le loro funzioni una volta esaurito il loro compito (commissioni d'inchiesta che svolgono indagini con

gli stessi poteri e limiti dell'Autorità Giudiziaria, eccetto il fatto che non possono giudicare emettendo sentenze, ma solo accertare la verità dei fatti);

- le **Giunte**, si occupano del funzionamento dell'attività parlamentare e vengono nominate dal presidente di ciascuna camera, rappresentando proporzionalmente i gruppi parlamentari (giunta per il regolamento, delle elezioni, per le autorizzazioni a procedere).

c) **Il funzionamento.**

Il **funzionamento del parlamento** avviene attraverso delle deliberazioni, per le quali è necessaria la presenza della maggioranza dei componenti di una camera ed il voto favorevole della maggioranza dei presenti (maggioranza semplice), in alcuni casi è richiesta la maggioranza assoluta dei componenti di una camera o la maggioranza qualificata (2/3 dei componenti). Di regola le votazioni si svolgono a scrutinio palese, tranne in alcuni casi previsti dai regolamenti (*scrutinio segreto*).

I **membri del parlamento** rappresentano la nazione e non coloro che li hanno eletti (divieto di mandato imperativo). Sono *insindacabili* ed *inviolabili* in quanto non possono essere perseguiti per le opinioni espresse ed i voti dati nell'esercizio delle funzioni, così come non possono essere privati della libertà personale senza autorizzazione della camera, ma, di contro, non possono essere eletti se ricorrono cause di *ineleggibilità* relative a situazioni precedenti alle elezioni (integrate dalla legge Severino/Monti sulla incandidabilità di aspiranti parlamentari che abbiano riportato condanne superiori a due anni per delitti come corruzione, concussione, peculato, abuso d'ufficio, quest'ultimo oggi abrogato) o cause di *incompatibilità* relative a situazioni successive alle elezioni (deputato e senatore, parlamentare ed uroparlamentare, Presidente della Repubblica e parlamentare e così via).

d) **il sistema elettorale**

Per cercare di contemperare le esigenze di democraticità e di stabilità politica nel corso del tempo il Parlamento ha approvato modelli di sistemi elettorali intermedi tra quello proporzionale e quello maggioritario. Ad oggi il sistema elettorale vigente nel nostro ordinamento è il Rosatellum (dal nome del deputato relatore della legge E. Rosato) le cui principali caratteristiche sono:

- Il sistema è di tipo misto con un terzo dei parlamentari (36%) eletto con sistema maggioritario e i restanti due terzi (64%) con un sistema proporzionale.
- I partiti possono allearsi tra loro e presentarsi alle elezioni come **coalizioni**.
- I deputati e i senatori eletti dall'estero sono designati con metodo proporzionale e preferenze.
- Nei collegi con sistema maggioritario viene eletto un solo candidato mentre nei collegi con sistema proporzionale i parlamentari vengono scelti sulla base di un **listino bloccato** cioè un elenco di candidati designati dal partito di appartenenza.
- Sono stabilite **soglie di sbarramento** del 3% per i partiti che si presentano da soli e del 10% per quelli che si presentano in coalizione (nel senso che se non vengono raggiunte queste percentuali partiti e coalizioni non entrano in Parlamento).
- Sono previste le **pluricandidature** fino a cinque collegi.
- Sono tutelate le **quote di genere** in quanto nella stessa lista nessuno dei due generi può essere rappresentato in misura superiore al 60%.

La riduzione del numero dei parlamentari, attuata con la riforma costituzionale del 2020, rende tuttavia necessaria una modifica della legge elettorale vigente che ancora non è stata affrontata dall'attuale governo.

e) **Il procedimento legislativo ordinario**.

Il **procedimento legislativo ordinario** prevede le seguenti fasi:

- **l'iniziativa**: consiste della presentazione ad una camera, di una proposta di legge redatta in articoli da parte del Governo (disegno di legge), di uno o più parlamentari, dei Consigli Regionali, del C. N. E. L. e da parte del popolo (50. 000 elettori). La proposta di legge viene assegnata dal Presidente della camera, alla commissione parlamentare competente per materia in sede *referente* o *deliberante*. Nel primo caso la commissione discute il progetto di legge, propone gli emendamenti e lo trasmette all'assemblea relazionato per l'approvazione. Nel secondo caso, invece, la commissione discute ed approva il progetto di legge al suo interno (tranne nei casi di leggi elettorali e costituzionali, bilancio e tributarie, ratifica di trattati internazionale);
- **l'approvazione**: richiede il voto favorevole della maggioranza dei presenti. Dopo essere stata approvata dalla prima camera, la proposta viene inviata alla seconda camera che deve approvarla nello stesso identico testo;
- la **promulgazione**: è la dichiarazione solenne da parte del Capo dello Stato che, tuttavia, può rinviare la legge al parlamento con un messaggio motivato (*veto sospensivo*) qualora la ritenga incostituzionale o priva di copertura finanziaria. Se, però, il Parlamento l'approva nuovamente, il Presidente della Repubblica è obbligato a promulgarla;
- la **pubblicazione**: avviene sulla Gazzetta Ufficiale ed entra in vigore dopo 15 giorni (*vacatio legis*) se non diversamente indicato.

f) **Il procedimento legislativo costituzionale**.

Riguarda i procedimenti di revisione costituzionale, e richiede:

- due votazioni per ciascuna camera;
- tre mesi tra la prima e la seconda votazione;
- almeno la maggioranza assoluta dei componenti di ciascuna camera, nella seconda votazione. In questo caso quindi, se la legge non passa con i 2/3 dei componenti di una camera, entro tre mesi è possibile chiedere un referendum costituzionale (1/5 dei componenti della camera, 5 consigli regionali o 500. 000 elettori) che è valido qualunque sia il numero degli aventi diritto al voto che vi parteciperanno.

g) **La funzione di indirizzo e controllo politico**.

Si esprime essenzialmente nei confronti del Governo e consiste nel definire gli obiettivi politici dello Stato. Al momento della sua formazione, infatti, il Governo deve presentare il proprio programma politico al Parlamento che lo approva attraverso la *mozione di fiducia*, mentre nel corso della legislatura il Parlamento può esprimere il suo dissenso nei confronti del programma di governo o attraverso la *mozione di sfiducia* (crisi parlamentare) o semplicemente votando contro determinati provvedimenti. Il Parlamento può formulare proprie risoluzioni vincolanti per il Governo (*mozioni*) cui quest'ultimo deve attenersi pena le dimissioni. Infine il Parlamento esercita sul Governo il controllo finanziario attraverso l'approvazione della legge di bilancio e della legge di stabilità che, data l'enormità delle risorse prelevate dai cittadini e impiegate, costituisce l'appuntamento centrale per la politica economica e finanziaria del paese.

Unità 3. Il Governo

Il Governo è il titolare della funzione esecutiva e svolge sia un'attività politica, sia un'attività amministrativa in senso stretto.

Mentre l'attività di governo o politica è diretta a realizzare un determinato programma politico, l'attività amministrativa è diretta a realizzare concretamente gli interessi pubblici e soddisfare i bisogni pubblici.

a) **Gli organi del Governo**.

Gli **organi del Governo** si distinguono in *necessari* ed *eventuali*. I primi sono previsti dalla Costituzione e la loro mancanza determina l'illegittimità del Governo e sono:

- il **Consiglio dei Ministri**, formato dal *Presidente del Consiglio* e dai *Ministri* che stabilisce ed attua indirizzo politico e programma di governo;
- il **Presidente del Consiglio**, che dirige l'attività del Governo e coordina quella dei singoli Ministri;
- i **Ministri** che partecipano al Consiglio e dirigono un ministero.

Gli organi governativi *eventuali* non sono previsti dalla Costituzione anche se coadiuvano l'azione del Governo, ma sono nominati per determinare un certo equilibrio politico tra i partiti che compongono il Governo e sono:

- il **Vicepresidente del consiglio**, con funzioni di supplenza;
- I **Viceministri**, non più di dieci sottosegretari che partecipano alle riunioni del Consiglio dei Ministri senza diritto di voto con delega su determinate materie sulle quali riferiscono;
- i **Ministri senza portafoglio**, che partecipano alle riunioni del Consiglio, ma non sono posti a capo di un ministero (e non hanno responsabilità finanziaria);
- i **Sottosegretari**, che svolgono funzioni ausiliarie delegate dai Ministri;
- i **Commissari straordinari**, che svolgono funzioni pubbliche specifiche.

Il procedimento di formazione del Governo si apre con la presentazione delle dimissioni da parte del Presidente del Consiglio in carica al Capo dello Stato. Dopo le *dimissioni* il Presidente della Repubblica procede alle *consultazioni* che gli permettono di conoscere gli orientamenti delle forze politiche in merito alle maggioranze che si possono formare in Parlamento. Terminate le consultazioni il Presidente della Repubblica conferisce *l'incarico* di formare il Governo al soggetto politico il cui schieramento ha vinto le elezioni o, in caso di crisi, a quello che ha più possibilità di avere maggioranze stabili in Parlamento che diventa Presidente del Consiglio incaricato e che procederà a redigere la lista dei Ministri. Una volta formato il *Governo presta giuramento* nelle mani del Capo dello Stato e si presenta entro dieci giorni alle Camere per la mozione di fiducia sul programma politico che intenderà svolgere. Se entrambe le Camere concedono la fiducia, il Governo entra in carica a pieno titolo altrimenti deve presentare le sue dimissioni. Quando un Governo non ha la maggioranza in Parlamento, si aprono le crisi di Governo che possono essere parlamentari o extraparlamentari: la prime si verificano in caso di mancata approvazione della mozione di fiducia o per la presentazione di una mozione di sfiducia (atto sottoscritto da almeno 1/10 dei componenti della Camera con il quale si dichiara la volontà di revocare la fiducia al Governo) o per la presentazione della questione di fiducia (il Governo subordina la sua permanenza all'approvazione di un provvedimento che, se non approvato, porterà alle automatiche dimissioni del Governo, mentre, se approvato, farà cadere tutti gli emendamenti apportati in sede parlamentare). Le crisi extraparlamentari si verificano quando, al di fuori del Parlamento, non si raggiungono gli accordi necessari a mantenere la maggioranza in Parlamento.

b) **La responsabilità del Governo**.
La responsabilità di Ministri, è una responsabilità sia politica sia giuridica.

- la **responsabilità politica** investe i membri del Governo che sono responsabili politicamente nei confronti del Parlamento e, indirettamente, nei confronti degli elettori.
- Il Presidente del Consiglio è responsabile per la politica generale del Governo: i singoli Ministri sono responsabili collegialmente per le decisioni del Consiglio dei Ministri ed individualmente per gli atti del ministero a cui sono preposti.
- la **responsabilità giuridica** riguarda i membri del Governo che sono responsabili giuridicamente per gli atti compiuti in violazioni di norme giuridiche. La responsabilità giuridica è una responsabilità:
  - **Civile**, per i danni causati ingiustamente a terzi (sono competenti i giudici ordinari);
  - **Amministrativa**, per i danni causati alla pubblica amministrazione (è competente la Corte dei Conti);
  - **Penale**, per i reati commessi (sono competenti i giudici ordinari).

In materia penale un membro del Governo, per i reati compiuti nella qualità di Ministro e, quindi, nell'esercizio delle sue funzioni, può essere giudicato soltanto in seguito alla richiesta di autorizzazione a procedere da parte del cosiddetto *tribunale dei ministri* (magistrati estratti a sorte da un elenco predisposto) e della concessione della autorizzazione a procedere da parte della Camera di appartenenza o del Senato (che può negarla, a maggioranza assoluta, per la tutela di preminenti interessi pubblici).

c) **La funzione normativa del Governo**.

Il Governo può emanare atti normativi, contenenti norme giuridiche generali astratte. Gli atti normativi del Governo comprendono:

- i **Decreti Legislativi** o delegati, emanati dal Governo in base e nei limiti di una legge di delegazione del Parlamento, qualora la materia in oggetto sia particolarmente tecnica e richieda specifiche competenze (es. riforma tributaria, riforma del TULPS ecc.). In particolare, la legge di delegazione deve indicare i princìpi o criteri direttivi, l'oggetto o gli oggetti della delega ed il termine entro il quale deve essere esercitata;
- i **Decreti Legge**, che possono essere emanati dal Governo di sua iniziativa ma soltanto in casi straordinari di necessità e di urgenza. Devono essere presentati immediatamente al Parlamento per la conversione in legge e decadono dall'inizio, o retroattivamente, se non vengono convertiti in legge entro 60 giorni.
- È espressamente vietata la reiterazione dei decreti legge non convertiti.
- i **Regolamenti Amministrativi**, sono atti normativi secondari con una forza o efficacia inferiore alla legge. Si distinguono in:
  - *esecutivi*, quando contengono norme di esecuzione delle leggi o di atti aventi forza di legge;
  - *integrativi*, quando completano le disposizioni contenute nelle leggi e negli atti aventi forza di legge;
  - *indipendenti*, quando disciplinano materie non regolate dalle leggi;
  - *delegati*, quando disciplinano alcune materie in seguito alla delegazione contenuta in una legge od in un atto avente forza di legge;
  - *organizzativi*, quando contengono norme relative alla organizzazione della P. A..

Il Presidente della Repubblica è un organo costituzionale individuale, si colloca istituzionalmente al di sopra delle parti, rappresenta l'unità nazionale nei rapporti interni ed esteri ed è garante della Costituzione. Si trova in una posizione di parità ed indipendenza rispetto agli altri organi dello Stato. **La sua funzione** è quella di riequilibrare il sistema nel corso delle sue crisi di funzionamento, nel rispetto dei principi costituzionali.

a) **Requisiti**.
Il Presidente della Repubblica viene eletto dal Parlamento in seduta comune ogni sette anni ed è rieleggibile (Giorgio Napolitano, Sergio Mattarella oggi in carica) integrato da tre delegati per ogni regione (elettorato passivo 50 anni, godimento dei diritti civili e politici), con votazione a scrutinio segreto e con una maggioranza molto ampia (2/3 nei primi tre scrutini, la maggioranza assoluta nei seguenti), dura in carica sette anni ed è rieleggibile. In caso di impedimento la Costituzione prevede la supplenza da parte del Presidente del Senato, fin quando il Capo dello Stato non riprende a esercitare le sue funzioni.

b) **Prerogative**.
Il Presidente della Repubblica non è responsabile per gli atti compiuti nell'esercizio delle sue funzioni, in quanto tale responsabilità è assunta dal Governo attraverso la *controfirma*. È invece responsabile per gli atti privati (quelli che compie da privato cittadino) e non è responsabile politicamente di fronte al Parlamento (nessun organo costituzionale può dargli la sfiducia). Nel caso di reati presidenziali, vale a dire *alto tradimento* (intesa con uno Stato nemico) o *attentato alla Costituzione* (colpo di Stato diretto a

sovvertire l'ordine costituzionale), viene messo in "**stato d'accusa**" dal Parlamento in seduta comune e viene giudicato dalla Corte Costituzionale.

c) **Gli atti del Presidente della Repubblica**.

Gli atti del Presidente della Repubblica, assumono la forma di decreti e si distinguono in:

- atti sostanzialmente presidenziali, che vengono decisi dal P. d. R. mentre la controfirma ministeriale svolge solo una funzione di controllo;
- atti formalmente presidenziali, che sono decisi dal Governo, mentre la controfirma del P. d. R. svolge solo una funzione di controllo.

Relativamente al *potere legislativo* i principali atti sono:

- **invio** di messaggi alle camere su questioni rilevanti per il Paese;
- **indizione** di elezioni e referendum;
- **convocazione** straordinaria delle camere e scioglimento anticipato;
- **promulgazione** delle leggi;
- **nomina** di cinque senatori a vita.

Relativamente al *potere esecutivo* i principali atti sono:

- **nomina** del Presidente del Consiglio e, su sua proposta, dei ministri;
- **nomina** dei funzionari pubblici (alta amministrazione);
- **ratifica** dei trattati internazionali e dichiarazione dello stato di guerra;
- **comando** delle forze armate.

Relativamente al *potere giurisdizionale* i principali atti sono:

- **presidenza** del Consiglio superiore della Magistratura;

- **nomina** di cinque giudici della Corte Costituzionale;
- **concessione** della grazia.

Di tutti questi poteri, quelli considerati sostanzialmente presidenziali sono pochi ma molto importanti; tra questi, *lo scioglimento anticipato delle Camere, l'indizione delle elezioni, la nomina dei cinque giudici costituzionali* e *dei cinque senatori a vita, inviare i messaggi alle camere e rinviare una legge alle camere prima della promulgazione* (**veto sospensivo**) e il *potere di esternazione* cioè di esprimere attraverso discorsi ed interviste le proprie opinioni, il potere di concedere la grazia e la nomina di 5 giudici della Corte Costituzionale.

Unità 5. La Magistratura

La funzione giurisdizionale consiste nell'applicazione delle norme giuridiche generali ed astratte a casi concreti e particolari da parte dei giudici che costituiscono, nel loro insieme, l'autorità giudiziaria o magistratura. Nell'esercizio dell'attività giurisdizionale il giudice applica le norme giuridiche interpretandone il significato per poi emettere una sentenza, che è un provvedimento attraverso il quale il giudice dichiara ciò che prevede il diritto al termine del processo.

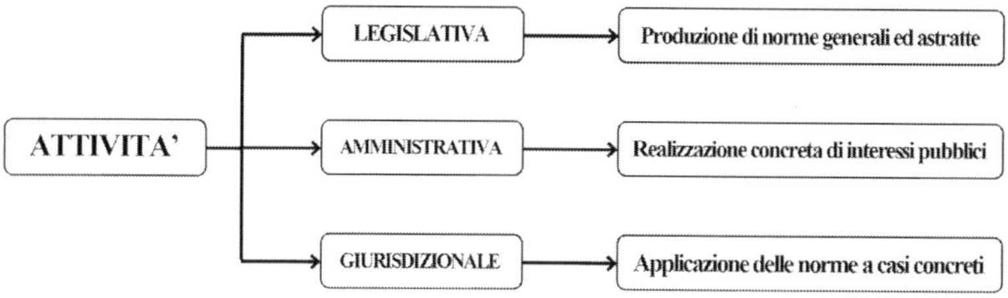

L'attività giurisdizionale comprende:

- **Giurisdizione Civile**: diretta a risolvere le controversie tra soggetti privati;
- **Giurisdizione Amministrativa**: risolve le controversie tra privati e la P. A.;
- **Giurisdizione Penale**: dipana le controversie tra Stato ed una persona accusata di aver commesso un reato.

a) **Principi**.

La Costituzione stabilisce alcuni principi a tutela dei cittadini:

- **diritto di azione** (**art. 24**): tutti hanno diritto ad agire in giudizio per la tutela dei propri diritti soggettivi ed interessi legittimi;
- **diritto alla difesa** (**art. 24-25**): tutti hanno il diritto di esporre le proprie ragioni con l'ausilio e l'obbligo di una difesa tecnica in giudizio (avvocato difensore) ed il gratuito patrocinio (per i non abbienti);non è possibile essere giudicati da altro giudice che non sia quello costituito per legge.
- **Art. 111, 112**:
- **Obbligo di esercizio dell'azione penale**: non può esercitare la sua discrezionalità in materia penale ma è obbligato a perseguire qualunque reato qualora ne riceva notizia.
- **principio del contraddittorio**: ciascuna parte ha il diritto di poter replicare alle affermazioni dell'altra parte;
- **obbligo di motivazione**: tutti i provvedimenti giurisdizionali devono contenere la motivazione della decisione del giudice;
- **diritto di impugnazione**: una sentenza di primo grado può essere impugnata in secondo grado (appello) e, in seguito, in terzo grado (Cassazione) per ottenere un riesame da parte del giudice. Esauriti i mezzi di impugnazione o scaduti i termini, la sentenza "*passa in giudicato*", cioè diventa definitiva;

non è possibile essere giudicati nuovamente per lo stesso fatto o modificare la sentenza.

b) **Gli organi**.

La funzione giurisdizionale è esercitata dai magistrati ordinari e da magistrati speciali. I magistrati ordinari sono competenti per qualsiasi tipo di causa. Sono giudici di carriera assunti a tempo indeterminato con concorso (ad eccezione dei giudici onorari) che ne accerta i requisiti e le competenze tecniche. Gli organi della giurisdizione civile e penale sono:

- il **Giudice di Pace**, organo onorario ed individuale con competenza sul territorio di uno o più comuni su cause di rilevanza minore;
- il **Tribunale**, organo individuale o collegiale con competenza sul territorio della provincia;
- la **Corte di Appello**, organo collegiale con competenza che si estende sul territorio della regione;
- la **Corte d'assise**, organo collegiale individuale di primo grado formato da due magistrati più sei giudici popolari con competenza sui reati più gravi;
- la **Corte d'assise d'appello**, organo collegiale con la stessa composizione della corte d'assise ma competente in secondo grado;
- la **Corte di Cassazione**, organo collegiale per i giudizi di sola legittimità competente su tutto il territorio nazionale.

La Costituzione stabilisce il divieto di istituire giudici straordinari, cioè che giudichino su cause determinate o che abbiano competenze particolari relativamente a determinate materie. Tuttavia, presso i tribunali ordinari, esistono delle sezioni specializzate per alcune materie (tribunale per i minorenni).

Inoltre, esistono anche giudici speciali previsti dall'ordinamento. Sono:

- i **Tribunali Amministrativi Regionali** (**T. A. R.**), giudicano le cause tra cittadini e P. A.;
- le **Commissioni Tributarie**, dirimono, in materia fiscale, le controversie tra i contribuenti e l'amministrazione finanziaria;
- i **Tribunali Militari**, che in tempo di pace sono incaricati di giudicare i reati commessi da appartenenti alle forze armate e parte di quelle dell'ordine.

Il *Consiglio Superiore della Magistratura* (CSM) è un organo di rilevanza costituzionale che garantisce l'indipendenza e l'autonomia dei giudici, rispetto agli altri poteri dello Stato ed, in particolare modo, dall'esecutivo. È presieduto dal Presidente della Repubblica e da un numero di giudici eletti da magistrati (18 membri togati) e dal parlamento in seduta comune (6 membri laici). Le sue funzioni riguardano nomina e carriera dei giudici e le sanzioni disciplinari per la violazione degli obblighi del loro ufficio.
La responsabilità civile dei magistrati, riguarda i danni causati nell'esercizio della funzione giurisdizionale. Un giudice è responsabile solo nei casi di:

- **dolo**, intenzione di danneggiare un terzo;
- **diniego di giustizia**, omissione, rifiuto o ritardo nel compimento di un atto;
- **colpa grave**, comportamento gravemente negligente.

Il provvedimento contestato può essere impugnato ed il danneggiato può presentare domanda di risarcimento danni, che possono comprendere anche danni morali. Quando viene condannato al risarcimento dei danni, lo Stato può opporre un'azione di *rivalsa* nei confronti del magistrato ed, inoltre, il Ministro della Giustizia può proporre un'azione disciplinare.
Il Ministro della Giustizia ha funzioni amministrative e propulsive. In particolare:

- *organizza* il funzionamento dei servizi giudiziari;
- *promuove* azioni disciplinari nei confronti dei magistrati e *può partecipare* alle riunioni del C. S. M., anche se le decisioni finali spettano esclusivamente a quest'ultimo organo.

Attualmente un progetto di riforma della magistratura, è in fase di discussione e approvazione e introduce diverse novità significative, tra cui la separazione delle carriere tra giudici e pubblici ministeri, la modifica del CSM e l'istituzione di un' alta corte disciplinare. Queste misure, promosse dal ministro della giustizia Nordio, vorrebbero garantire maggiore autonomia e specializzazione all'interno della magistratura, ma sono anche oggetto di critiche per il possibile impatto sulla indipendenza della magistratura stessa.

Unità 6. La Corte costituzionale

La **Corte Costituzionale** è composta da 15 membri:

- 5 eletti dalla magistratura;
- 5 dal Parlamento in seduta comune;
- 5 nominati dal Presidente della Repubblica.

La principale funzione che è assegnata alla Corte Costituzionale, è il giudizio sulla costituzionalità delle leggi dello Stato e delle regioni con il conseguente potere di annullare le leggi che vengono giudicate in contrasto con la Costituzione. Inoltre, alla Corte spettano altre tre funzioni:

- il giudizio sui conflitti di attribuzioni tra i poteri dello Stato, su quelli tra Stato e regioni, su quelli tra le Regioni;
- il giudizio sulle accuse promosse dal Parlamento contro il Presidente della Repubblica;
- il giudizio sull'ammissibilità del referendum.

a) **Il giudizio sulla costituzionalità delle leggi**.

Possono essere sottoposte al giudizio della Corte Costituzionale le leggi ordinarie, gli atti aventi forza di legge (decreti leggi e legislativi) e leggi regionali. La Corte Costituzionale non può iniziare il giudizio su una legge di sua iniziativa, ma solo in seguito ad una richiesta che le viene presentata dall'esterno. Le richieste possono essere presentate per via:

- **incidentale**, ovvero nel corso di un processo di qualsiasi tipo (civile, penale o amministrativo) in cui viene applicata la legge di cui si sospetta l'incostituzionalità. In questo contesto una delle parti, il Pubblico Ministero o il Giudice, possono sollevare la questione di costituzionalità nei confronti dell'articolo di legge che contrasta con la Costituzione. A questo punto il Giudice del processo agisce da *filtro* e decide se rinviare o no la richiesta alla Corte Costituzionale, sospendendo il processo. Il limite di questa procedura è che finché non si apre un processo che abbia come oggetto una legge di dubbia costituzionalità o se nessuna delle parti non solleva la questione o, ancora, se il Giudice decide che la questione è infondata, la legge non potrà essere sottoposta al giudizio della Corte Costituzionale;
- **principale**, che consiste in un ricorso da parte dello Stato contro leggi delle Regioni o viceversa. Nel primo caso lo Stato ritiene che una legge regionale abbia invaso le competenze statali, ed è un *ricorso preventivo* (prima che la legge regionale venga promulgata), nel secondo caso è la regione che ritiene che una legge dello Stato abbia invaso la sua competenza, ed è un ricorso successivo (dopo che la legge dello Stato è stata pubblicata).

Il giudizio, sia *incidentale* sia *principale*, si svolge presso la Corte Costituzionale e l'udienza tra i difensori delle parti ed i giudici, è pubblica. Poi la Corte Costituzionale si ritira e delibera la sentenza, che può essere di:

- **accoglienza**, la legge viene annullata con effetto retroattivo;
- **rigetto**, la legge non è contro la Costituzione e resta in vigore.

b) **Il giudizio sui conflitti di attribuzione**.

La Corte Costituzionale, se interpellata, può esprimersi in ordine ai conflitti di attribuzione tra:

- i **poteri dello Stato**: camere, governo, Presidente della Repubblica, giudici, quando ritengono che un atto proveniente da uno di questi organi, ha invaso la competenza di un altro organo. La Corte Costituzionale decide a quale organo spetta la competenza;
- **Stato e Regioni**: il giudizio riguarda atti amministrativi tra cui è sorto un conflitto di competenza;
- **Regioni e Regioni**: anche in questo caso il giudizio riguarda atti amministrativi tra cui è sorto un conflitto di competenza.

c) **Il giudizio sulle accuse promosse contro il Presidente della Repubblica**.

Quando il Presidente della repubblica viene messo in stato di accusa dal Parlamento in seduta comune per "*alto tradimento*" o per "*attentato alla Costituzione*". In questo caso assieme ai 15 giudici della Corte Costituzionale, partecipa al giudizio anche un collegio di 15 membri estratti a sorte tra i cittadini che abbiano i requisiti per essere eletti senatori.

d) **Il giudizio sull'ammissibilità del referendum**.

La Corte Costituzionale controlla che la legge di cui si chiede l'abrogazione attraverso la raccolta di 500. 000 firme, non rientri in quella categoria di leggi che la stessa Corte dichiara non sottoponibili a referendum (art. 75), ovvero leggi tributarie, di bilancio, amnistia, indulto, ratifica dei trattati internazionali.

c) **Il ruolo della Corte Costituzionale in Italia**.
La Corte Costituzionale svolge un ruolo molto importante. Le sue funzioni, infatti, sono sia di natura *giurisdizionale* (giudica leggi solo in base alla Costituzione), sia di tipo *politico*, *di controllo*, ed *indirizzo* sul Parlamento (quando annulla una legge perché incostituzionale costringe il Parlamento a farne una nuova conforme alla Costituzione).

Unità 1. Le relazioni internazionali

a) **Caratteri dell'ordinamento giuridico internazionale.**
Il **diritto internazionale** è costituito dalle norme che disciplinano i rapporti giuridici tra gli Stati. L'ordinamento giuridico internazionale possiede alcune caratteristiche:
- è **originario**, nel senso che non deriva da un'autorità superiore.
- è **paritario**, in quanto i singoli Stati sono considerati giuridicamente uguali.
- è **volontario**, perché non esiste un'autorità in grado di imporre il rispetto delle norme internazionali.

b) **Soggetti del diritto internazionale.**
Sono gli Stati e le Organizzazioni internazionali (ONU) che sono associazioni tra più Stati. I singoli cittadini non sono soggetti di diritto internazionale se non indirettamente qualora lo Stato cui appartengono recepisca norme internazionali.

Il **diritto internazionale privato** invece regola i rapporti giuridici tra i cittadini italiani e gli stranieri o tra stranieri.
Il **diritto comunitario** è costituito dalle norme dell'UE.
Le **fonti del diritto internazionale** sono le *consuetudini ed i trattati internazionali.*
Le **consuetudini internazionali** sono fonti non volontarie nel senso che producono norme giuridiche immediatamente efficaci nei confronti di tutti gli Stati senza bisogno di recepimento dall'ordinamento interno di ogni Stato.
I **trattati internazionali**, invece, sono fonti volontarie in quanto producono norme giuridiche che vincolano gli Stati che stipulano il trattato o che vi aderiscono successivamente e sono valide

nei confronti dei cittadini solo dopo il recepimento da parte degli Stati interessati. Le fasi di realizzazione sono la negoziazione, con cui i paesi contraenti svolgono le trattative, la stipulazione, la ratifica con cui le norme oggetto dei trattati vengono recepite dalla legislazione del paese e lo scambio di ratifiche tra i paesi contraenti.

c) **Disciplina costituzionale dei rapporto internazionali**.
La ritroviamo negli articoli 10 e 11 della Costituzione. Sostanzialmente questi articoli enunciano tre principi:
- il *riconoscimento delle norme di diritto internazionale*, che sono immediatamente efficaci nel nostro ordinamento.
- il *ripudio della guerra*, come strumento di offesa alla libertà di altri popoli.
- *l'accettazione di limitazioni della sovranità*, d'accordo con gli altri Stati e solo sotto l'imperio dell'ONU, per assicurare pace e sicurezza tra le nazioni.

d) **L'organizzazione delle nazioni unite** (**ONU**).
È un organizzazione internazionale costituita nel 1945 con lo scopo di garantire la pace e la sicurezza tra le nazioni e di promuovere la cooperazione internazionale e il rispetto dei diritti umani.
L'ONU, cui aderiscono quasi tutte le nazioni del mondo (192), può adottare misure preventive o coercitive, con l'impiego di forze militari messe a disposizione dagli Stati membri (caschi blu) per mantenere o ristabilire la pace e la sicurezza internazionale.
Organi dell'ONU sono:
- **l'Assemblea Generale**, formata dai rappresentanti degli Stati membri, è l'organo deliberativo dell'ONU in quanto può adottare a maggioranza (ogni Stato ha diritto ad un voto ma ne ha cinque a disposizione) delle raccomandazioni non vincolanti per gli Stati membri. Anche se non sono

vincolanti, le raccomandazioni hanno una notevole importanza da un punto di vista politico e morale se sono adottate all'unanimità.

- il **Consiglio di Sicurezza** è l'organo operativo delle Nazioni Unite. È formato dai rappresentanti di 15 Stati membri (5 sono permanenti con diritto di veto, 10 sono eletti a rotazione) e può adottare a maggioranza delle risoluzioni vincolanti per gli Stati membri anche, se necessario, con l'adozione di misure coercitive.
- il **Segretario Generale** viene nominato ogni 5 anni dall'Assemblea Generale, rappresenta l'ONU e svolge spesso una funzione di mediazione tra le Nazioni in caso di controversie.
- la **Corte Internazionale di Giustizia** formata da 15 giudici nominati da AG e CDS risolve le controversie tra gli Stati che volontariamente accettano di sottoporsi al suo giudizio.
- il **Consiglio Economico e Sociale**, formato da 54 membri nominati dagli Stati con funzioni in materia economica e sociale.

Nell'ambito dell'ONU operano anche altri organismi (FAO, OMS, OCSE, UNESCO, UNICEF) con compiti nel settore della cooperazione internazionale.

Unità 2. L'Unione europea

a) **Storia.**

Il processo d'integrazione europea è iniziato negli anni '50 del secolo scorso, dopo la fine della seconda guerra mondiale.

Tale processo nasce da un'esigenza di collaborazione reciproca dovuta al cambiamento dello scenario mondiale del dopoguerra, che vedeva i paesi dell'Europa divisi in due blocchi contrapposti. Il primo passo fu l'istituzione delle comunità europee tra sei primi paesi (Italia, Francia, Germania Federale, Belgio, Paesi

Bassi e Lussemburgo) con funzioni prevalentemente economiche (CECA, CEE, EURATOM). Nel 1979 fu eletto il primo Parlamento europeo. Nel 1990 con il trattato di Schengen fu stabilito di abolire i controlli alle frontiere per agevolare la libera circolazione di persone, beni e servizi. Nel 1992 fu stipulato il trattato di Maastricht che sanciva comuni politiche comunitarie nei settori della libera concorrenza, dei trasporti, della tutela dei consumatori, della sicurezza comune e la cooperazione in materia di giustizia. Venne inoltre stabilito il principio di sussidiarietà in base al quale l'UE poteva agire al posto degli Stati membri in caso di loro non ottemperanza delle materie di propria competenza. Dal 1993, con il Trattato di Maastricht, la comunità prese il nome di **Unione Europea** (U. E.) e, oltre ad inglobare altri nove paesi (Gran Bretagna, Danimarca, Irlanda, Grecia, Spagna, Portogallo, Austria, Svezia e Finlandia), intraprese una strada di più stretta collaborazione anche sul piano politico. Il trattato fissò anche le scadenze per l'unione monetaria che ha completato il suo percorso nel Gennaio del 2001. Nel gennaio2002 entrò in vigore ufficialmente la moneta unica denominata EURO il cui valore di cambio con la lira venne stabilito in 1927,36. Se l'integrazione economica ha raggiunto diversi successi, lo stesso non può dirsi per l'integrazione politica: anche se nel 2004 è stata firmata la nuova "*Costituzione Europea*" essa avrebbe dovuto essere approvata entro il 2009 e ratificata dagli stati membri con la funzione di stabilire i principi fondamentali della UE, la regolamentazione delle politiche comuni, e delle disposizioni generali in altri settori, con l'intento di sostituire i vecchi trattati. Questo processo non è mai giunto a termine dal momento che Francia e Olanda hanno respinto la Costituzione europea con referendum ed essa è stata sostituita da un progetto di riforma dei trattati. A tutt'oggi l'U. E. non si configura ancora come uno Stato essendo priva di un vero e proprio governo e di un esercito proprio. È, però, un fatto positivo che tutti i cittadini residenti abbiano la cittadinanza

europea e possano così circolare e soggiornare liberamente nel territorio dell'Unione, che i vari trattati abbiano rafforzato le politiche sociali ed economiche, i diritti dei cittadini, le competenze degli organi comunitari, che, al momento, altri dodici paesi siano entrati a far parte dell'Unione (Estonia, Lettonia, Lituania, Polonia, Rep. Ceca, Slovacchia, Slovenia, Ungheria, Cipro e Malta nel 2004; Romania e Bulgaria nel 2007). Nel 2016 la Gran Bretagna ha iniziato il percorso di uscita dall'Unione, noto come Brexit dopo il referendum consultivo del 23 giugno 2016, in cui una maggioranza di cittadini britannici votò per lasciare l'Unione Europea. Il Regno Unito ha ufficialmente lasciato l'UE il 31 gennaio 2020, segnando la fine della sua partecipazione alle istituzioni e alle politiche europee.
Competenze: l'U. E. ha **competenze esclusive** in materia *doganale, commerciale comune, monetaria* per gli stati aderenti all'euro. **Competenza concorrente** con gli stati membri per il *mercato interno, ambiente, trasporti, tutela del consumatore*. Inoltre, l'U. E. ha compiti di **coordinamento** delle *politiche economiche e occupazionali* degli stati membri.

b) **Le istituzioni comunitarie**.
Le **Istituzioni comunitarie** sono: *il Parlamento Europeo, il Consiglio Europeo, il Consiglio dei Ministri, la Commissione Europea, la Corte di Giustizia.*

- il **Parlamento Europeo** ha sede a Strasburgo. Ha un presidente, dei regolamenti ed è organizzato, come i Parlamenti nazionali, attraverso i regolamenti parlamentari. Ha **funzioni legislative e di bilancio, di indirizzo e di controllo insieme al Consiglio dei Ministri**. È eletto dai cittadini europei con sistema proporzionale, ha 720 membri dopo la Brexit e, se inizialmente aveva perlopiù funzioni consultive, adesso partecipa all'attività legislativa insieme alla

Commissione e al Consiglio dei Ministri, ed approva bilanci e consuntivi. Questi ultimi stabiliscono che le entrate comunitarie provengono da dazi, prelievi agricoli, IVA, contributi provenienti dagli Stati membri.

- il **Consiglio Europeo** è l'organo **di impulso e di indirizzo** dell'U. E. con funzioni consultive, contribuisce, cioè, a definire le priorità politiche necessarie. È formato da un Presidente e dai Capi di stato o di governo degli stati membri. Fino al 2009 la prassi voleva che la presidenza venisse attribuita semestralmente a turno tra i membri del Consiglio dei Ministri europeo. Oggi è stata creata una figura di presidenza autonoma scelta dallo stesso Consiglio a maggioranza qualificata ogni 2 anni e mezzo.
- il **Consiglio dei Ministri** è un organo **con funzioni deliberative e legislative**, ha sede a Bruxelles, ed è formato da un ministro per ogni Stato membro, non rappresenta i cittadini, ma gli Stati membri e si riunisce quando c'è la necessità di deliberare su una determinata materia. Ha competenza **in materia legislativa e di bilancio insieme al Parlamento**, di definizione di politiche economiche comuni e di conclusione di accordi internazionali. Le decisioni vengono prese a maggioranza qualificata 2/3 con un sistema di ponderazione dei voti in proporzione alla popolazione di ogni Stato membro (questo significa che non c'è un numero fisso di voti per ogni nazione, ma il peso del voto di ciascuna nazione dipende dalla sua popolazione). Il suo Presidente è nominato a rotazione ogni sei mesi.
- la **Commissione Europea** è l'organo che ha **funzione esecutiva e d'iniziativa legislativa**, e di vigilanza sull'osservanza dei Trattati. Questo significa che la Commissione controlla che gli Stati membri applichino correttamente il diritto dell'Unione e rispettino gli obblighi derivanti dai trattati. In caso di mancata applicazione o di violazione, la

Commissione può avviare procedure di infrazione contro lo Stato membro interessato. È formata da un commissario per ogni Stato membro (27 membri) ed è diretta da un presidente eletto a maggioranza qualificata dal Consiglio europeo. Tra i suoi compiti: presentare proposte di legge, provvedere all'esecuzione del bilancio, coordinare le politiche comunitarie.
- la **Corte di Giustizia**, organo giurisdizionale dell'U. E., è formata da un giudice per ogni Stato membro ed è incaricata di **assicurare il rispetto nella applicazione dei trattati** da parte degli Stati membri.

L'Unione europea è attualmente composta da 28 paesi, ma una volta eseguita formalmente la Brexit del Regno Unito, saranno 27. Non tutti i Paesi membri dell'UE hanno però adottato l'Euro, ma al momento tali Paesi sono 19. Tra gli 11 paesi ancora non entrati nell'Eurolandia o Eurozona, 8 non hanno ancora adottato l'euro perché non ne soddisfano i requisiti macroeconomici stabiliti dal trattato di Maastricht del 1992, mentre la Danimarca e il Regno Unito sono derogati dall'utilizzo della moneta unica. Diversa è la posizione della Svezia, che pur essendo entrata a far parte dell'Unione nel 1995 ed essendo in possesso di tutti i requisiti, non ha abbandonato la corona svedese in nome di un referendum che si è svolto nel 2003. L'euro è in vigore anche in stati che non fanno parte dell'Unione europea, come San Marino, il Principato di Monaco, Andorra e Montenegro. I paesi che al momento hanno presentato la propria candidatura per far parte dell'Unione europea sono Turchia, Macedonia, Montenegro, Serbia e Albania. Nel 2010 anche l'Islanda si era candidata, ma si è ritirata nel 2015. Ci sono anche Paesi che pur essendo geograficamente parte dell'Europa, non fanno parte dell'Unione europea. Tra questi Norvegia, Svizzera, Islanda e la parte orientale vicina alla Russia, che si è riunita nell'Unione doganale eurasiatica, nata ne 2005 sul modello europeo.

c) **Le fonti comunitarie**.

Le **fonti comunitarie** sono i regolamenti e le direttive.

- i **regolamenti comunitari** sono fonti che si rivolgono a tutti gli Stati europei e sono immediatamente vincolanti sia per i singoli Stati che per i singoli cittadini ed imprese, senza bisogno di recepimento della normativa. Sono approvati dal Consiglio dei Ministri e dal Parlamento europeo.
- le **direttive** sono fonti di carattere speciale e si rivolgono ai singoli Stati, ma non sono immediatamente vincolanti per i singoli cittadini in quanto è necessario un atto di recepimento da parte dei Parlamenti dei singoli Stati.
- Le **decisioni** sono atti amministrativi con cui gli organi dell' Unione si rivolgono a Stati, gruppi o soggetti per regolamentare situazioni specifiche.
- I **pareri** sono atti non vincolanti rivolti a soggetti con cui gli organi della UE invitano a tenere determinate condotte nell'interesse dell'Unione (per es. in tema di energia).

PARTE SECONDA

DIRITTO AMMINISTRATIVO

Modulo 1. La P. A.: profilo oggettivo

Unità 1. La funzione amministrativa

L'attività politica consiste nel definire gli obiettivi dello Stato attraverso l'azione del governo e del parlamento ed incontra come unico limite quello delle norme costituzionali.
L'attività amministrativa consiste nel compiere tutti quegli atti che permettono di realizzare in concreto quegli obiettivi decisi in sede politica e legislativa: è dunque un'attività subordinata alla prima.
Il complesso di organi e di enti pubblici che hanno il compito di svolgere l'attività amministrativa forma la **pubblica amministrazione**; quest'ultima è costituita da apparati burocratici (uffici) il cui personale non è eletto dall'elettorato e, quindi, scelto in base all'orientamento politico, ma è nominato in base alle competenze tecniche e professionali.
L'organizzazione della P. A. è molto estesa e complessa perché lo Stato ha allargato progressivamente i suoi compiti nell'ultimo secolo: se prima si occupava esclusivamente di ordine interno (forze dell'ordine, esercito), della sicurezza esterna (esercito, corpi diplomatici), dell'amministrazione della giustizia, della riscossione dei tributi, nel corso del XX° secolo ha esteso i suoi compiti aumentando la quantità e la qualità dei servizi pubblici (istruzione, sanità, trasporti, ambiente, previdenza, assistenza) ed accrescendo gli interventi in campo economico.

La legge 124/2015 nota come legge Madia ha tentato di riorganizzare la PA confermando i principi delle riforme degli anni 90' in tema di

- Dirigenza pubblica
- Riorganizzazione amministrativa (centrale e periferica)
- Semplificazione, razionalizzazione e digitalizzazione
- Controllo e riordino società partecipate

La Corte Costituzionale ha bocciato la riforma perché lede l'autonomia delle Regioni nei quattro punti fondamentali (dirigenza, società partecipate, organizzazione del lavoro, servizi locali).

a) **I principi dell'azione amministrativa**.

La P. A. deve attenersi ad una serie di principi che garantiscano il buon funzionamento dello Stato:

- principio di legalità, (art. 97, già oggetto di revisione costituzionale per quanto riguarda il pareggio di bilancio: "*le pubbliche amministrazioni, in coerenza con l'ordinamento dell'Unione Europea, assicurano l'equilibrio dei bilanci e la sostenibilità del debito pubblico*"). Gli organi della P. A. devono agire secondo le norme stabilite dalla legge (principio di legittimità). Ciò comporta due importanti conseguenze:
  - la prima riguarda il *principio di imparzialità* che afferma che la P. A. deve trattare tutti i cittadini senza favoritismi né discriminazioni;
  - agli impieghi nella P. A. si accede mediante un concorso che accerti le capacità professionali e tecniche dei candidati;
- **principio di efficienza ed efficacia**: il primo riguarda i mezzi impiegati dall'amministrazione che devono essere i più adatti e meno costosi per svolgere i propri compiti (evitare gli sprechi); il secondo riguarda i risultati effettivamente conseguiti che devono essere di buona qualità. Nello Stato liberale vigeva solo il principio di legalità, con l'avvento dello Stato

sociale non fu più sufficiente che la P. A. rispettasse le leggi, ma diventò necessario che fornisse anche buoni servizi (efficienza ed efficacia).

b) **Il decentramento.**

L'art 5 della Costituzione sancisce il principio del decentramento, termine con cui si intende il trasferimento di funzioni dagli organi centrali agli organi periferici dello Stato. Può essere di due tipi:

- **decentramento agli enti territoriali** (trasferimento di poteri dallo Stato agli enti locali);
- **decentramento amministrativo** (attribuzione di spazi di autonomia agli organi periferici, attraverso un' attuazione del principio gerarchico).

c) **Segretezza e trasparenza.**

Precedentemente l'attività della P. A. era coperta dal segreto: i cittadini venivano a conoscenza delle decisioni senza sapere come fossero state prese. Questa impostazione viene rovesciata dalla **Legge 241/90** che introduce il *principio della trasparenza*. Ciò significa che la P. A. deve consentire al pubblico di informarsi sulle attività attraverso il diritto di accesso ai documenti amministrativi (l'interessato al procedimento amministrativo può consultarli e fotocopiarli). Il diritto di accesso non si può esercitare per i documenti coperti dal segreto di Stato o che, se divulgati, potrebbero compromettere la sicurezza nazionale, l'ordine pubblico o il diritto alla privacy.

d) **Tipi di attività amministrativa.**

Nell'ambito dell'azione amministrativa, si distinguono tre tipi di attività:

- **l'amministrazione attiva**, è l'attività diretta a realizzare concretamente gli interessi pubblici;

- **l'amministrazione consultiva**, consiste nel formulare dei pareri in merito all'attività amministrativa; i pareri possono essere obbligatori o facoltativi;
- **l'amministrazione di controllo**, consiste nel riesaminare la regolarità degli atti emanati dall'amministrazione attiva.

Unità 2. Gli atti amministrativi

Gli atti che la P. A. può compiere sono molto numerosi. Da un punto di vista giuridico possono essere raggruppati in due categorie:

- *atti di diritto pubblico.* La P. A. agisce su un piano di supremazia rispetto ai cittadini ponendosi in una posizione di comando. In questo caso non occorre il consenso dei privati cui si rivolge affinché gli atti siano efficaci (atti unilaterali);
- *atti di diritto privato.* La P. A., pur nel perseguimento di fini di carattere pubblico, agisce ponendosi sullo stesso piano dei privati attraverso contratti di diritto privato. Gli atti di questo tipo sono bilaterali ed acquistano efficacia solo col consenso di entrambe le parti.

Gli atti di diritto pubblico comprendono i *fatti amministrativi* e gli *atti amministrativi.* I primi racchiudono quelle attività di tipo materiale, tecnico o intellettuale compiuti da un organo della P. A. nell'esercizio delle sue funzioni (guida di un autobus, lezione di un insegnante); i secondi sono atti giuridici compiuti da organi della P. A. nell'esercizio della funzione amministrativa (rilascio della patente da parte della motorizzazione civile). A sua volta gli atti amministrativi si classificano in atti amministrativi in senso stretto (o secondari) e provvedimenti: i primi sono tutti quegli atti attraverso cui la P. A. si limita a dichiarare l'esistenza di un certo fatto senza incidere sulla sfera giuridica dei soggetti (es.

certificati); i secondi sono i provvedimenti, ovvero una manifestazione di volontà con cui la P. A. costituisce, modifica o estingue la situazione giuridica dei privati in modo unilaterale ed in relazione a casi concreti.

a) **Caratteristiche dei provvedimenti**.

Danno una particolare forza ai **provvedimenti** e sono:

- **unilateralità**, contiene solo la volontà della P. A.;
- **tipicità**, deve corrispondere a figure previste dalla legge;
- **concretezza**, cioè devono realizzare un interesse pubblico specifico (es. il Questore, una volta accertati i requisiti previsti dalla legge, rilascia il passaporto);
- imperatività, si impone obbligatoriamente ai suoi destinatari;
- **esecutorietà**, possibilità per la P. A. di rendere esecutivi i provvedimenti anche senza il consenso del destinatario dell'atto;
- **inoppugnabilità**, quando l'atto è illegittimo e trascorrono i termini indicati dalla legge, non può essere impugnato e produce i suoi effetti giuridici;
- **revocabilità**, la P. A. può far cessare gli effetti dell'atto in qualunque momento e ciò distingue il provvedimento amministrativo dall'atto giurisdizionale che non può essere revocato (es. sentenza passata in giudicato dopo che ha esaurito i tre gradi di giudizio).

b) **Elementi essenziali dei provvedimenti**.

Per ogni provvedimento la legge stabilisce i requisiti che necessariamente esso deve contenere per essere valido; gli elementi essenziali dei provvedimenti sono:

- il **soggetto** che è l'organo competente ad esprimere la volontà della P. A. (semplice = un organo, complesso = più organi);

- **l'oggetto** che è la persona, il bene o il rapporto verso cui è diretta la volontà della P. A. (possibile, lecito, determinabile);
- il **contenuto** che è la volontà da parte dell'organo della P. A. di emanare l'atto (ordinare, autorizzare, concedere, punire);
- la **forma** che è il mezzo utilizzato dalla P. A. per manifestare la volontà (decreto);
- la **causa** che è lo scopo tipico di un provvedimento amministrativo; il fine deve essere tassativamente indicato dalla legge in quanto diretto a realizzare una particolare funzione sociale (es. il rilascio della patente ha lo scopo di garantire la sicurezza nella circolazione stradale).

c) **La discrezionalità amministrativa**.

La discrezionalità amministrativa si configura come il potere da parte degli organi della P. A. di compiere autonome valutazioni e poi di decidere: la P. A. non è dunque un puro esecutore delle leggi, ma un soggetto che compie delle scelte. Tuttavia l'amministrazione non può usare questo potere a suo piacimento, ma deve da un lato perseguire finalità di carattere pubblico (altrimenti l'atto che ne consegue è illegittimo e può essere annullato), dall'altro sottostare al principio di legalità, che si applica quando la legge regola l'emanazione di un atto fin nei minimi dettagli (atti vincolati).

d) **La motivazione**.

È la ragione che induce l'amministrazione a scegliere una determinata soluzione piuttosto che un'altra. Un provvedimento sprovvisto di motivazione, è illegittimo e può essere annullato dal Giudice Amministrativo.

e) **La legittimità ed il merito**.

Abbiamo visto come il contenuto dei provvedimenti amministrativi sia in parte predeterminato dalla legge ed in parte

discrezionale. È pertanto possibile esaminare il provvedimento da due punti di vista diversi: la legittimità ed il merito.
La **legittimità**: un provvedimento è legittimo quando rispetta le norme di legge, possiede tutti i requisiti (soggetto, oggetto, contenuto forma e motivazione) e persegue interessi pubblici.
Il **merito**: un provvedimento non presenta vizi di merito quando l'amministrazione usa bene il suo potere discrezionale riguardo alla opportunità dell'atto (valuta adeguatamente gli elementi di cui è in possesso). In caso contrario è inopportuno, ovvero presenta vizi di merito.
I due aspetti, sono tra loro indipendenti in quanto un provvedimento può essere perfettamente legittimo ma poco opportuno (avrebbe potuto essere migliore), oppure al contrario può essere opportuno ma illegittimo (giusto, ma presenta vizi di forma).

f) **I provvedimenti restrittivi ed espansivi**.
I provvedimenti espansivi sono quelli che *espandono la sfera giuridica* dei privati favorendoli. I più importanti sono:
- le **autorizzazioni**: l'amministrazione dà il permesso al privato di esercitare un diritto o di svolgere un'attività che il privato è già in grado di svolgere ma che, in concreto, necessità di un permesso. Lo scopo è di accertare che i privati posseggano i requisiti necessari (licenze, permessi, nulla osta, abilitazioni ecc. ecc.);
- le **concessioni**: l'amministrazione dà ad un privato il diritto di esercitare una funzione pubblica o di usare bene pubblici qualora decida di non gestire direttamente determinate funzioni o beni pubblici (concessioni radiotelevisive, diritto di impiantare uno stabilimento balneare).

Poiché si tratta di funzioni pubbliche, i concessionari sono tenuti a particolari obblighi nei confronti della P. A. che ha sempre la possibilità di revocare la concessione e di riottenere la disponibilità del bene.

I provvedimenti restrittivi sono quelli con cui l'amministrazione *proibisce ad un privato di tenere un certo comportamento*. Tra questi provvedimenti che limitano la libertà dei privati, vanno considerati:

- gli *ordini* (sgombro di un palazzo):
- i *divieti* (circolazione per i veicoli);
- i *provvedimenti sanzionatori* (multe);
- gli *atti ablativi* (espropriazione).

g) **Il procedimento amministrativo**.

Il procedimento amministrativo è l'insieme delle fasi che il provvedimento deve seguire (*iter*). Le fasi sono quattro:

- **fase dell'iniziativa**, è il momento dell'avvio del procedimento che può essere messo in moto d'ufficio (per iniziativa della P. A.) generalmente per i provvedimenti restrittivi o su domanda (della persona interessata) per quanto concerne i provvedimenti espansivi.
- **fase istruttoria**, costituita dall'insieme degli atti preparatori che hanno lo scopo di acquisire informazioni necessarie per prendere la decisione (acquisizione di pareri, accertamenti, ispezioni, perizie ecc. ecc.);
- **fase della decisione**, quando l'organo competente prende la decisione, cioè adotta il provvedimento;
- **fase integrativa dell'efficacia**, costituita da atti di controllo posti in essere da parte di altri organi e da atti di comunicazione all'interessato (notifica, pubblicazione o esposizione).
- La **legge 241/1990** ha stabilito alcune regole generali che devono essere applicate in qualsiasi procedimento, nell'intento di aumentare la trasparenza ed offrire maggiori garanzie ai cittadini. La P. A. quindi:
- *indicare* un termine entro cui il procedimento deve concludersi (30 giorni se non diversamente indicato);

- *indicare* il responsabile del procedimento (il funzionario che concretamente si occupa del procedimento);
- *comunicare* l' inizio del procedimento ai cittadini interessati dal provvedimento.

Inoltre, la stessa legge si impegna anche a combattere le lungaggini della P. A., semplificando le procedure amministrative. I principali strumenti sono:

- **l'autocertificazione**, il cittadino può presentare, in sostituzione del certificato, una dichiarazione scritta in cui afferma sotto la sua responsabilità, il possesso dei requisiti richiesti;
- il **silenzio-assenso**, si intende automaticamente accolta un domanda una volta trascorso il termine previsto per la conclusione del relativo procedimento;
- la **conferenza dei servizi**, la P. A. deve provvedere direttamente ad acquisire i pareri di amministrazione diverse che abbiano qualche interesse sull'oggetto del procedimento (grandi opere pubbliche che interessano più comuni o più ministeri). Le amministrazioni si riuniscono, concordando all'unanimità.

Unità 3. L'invalidità degli atti amministrativi

Quando gli atti amministrativi non sono conformi alle leggi, sono invalidi. Un atto invalido può essere **nullo** o **annullabile**.
L'atto è nullo quando la violazione di legge è così grave da far sì che l'atto stesso non produca effetti: ciò si verifica o quando è del tutto assente uno dei requisiti essenziali dell'atto per esempio quando **l'organo** che lo emana è totalmente al di fuori della sua sfera di competenza (una patente rilasciata da un provveditore agli studi) o quando è emesso con una **forma** del tutto diversa da quella richiesta (una multa comminata oralmente).

L'atto è invece **annullabile** quando produce ugualmente i suoi effetti, dunque è efficace ma successivamente può essere annullato. In questo caso si dice che l'atto è illegittimo (non conforme alla legge) e che contiene vizi di legittimità.

a) **I vizi di legittimità**.

I vizi di legittimità sono:

- **l'incompetenza**: si ha incompetenza quando l'atto è emesso da un organo diverso da quello prescritto dalla legge (un preside che prende un provvedimento spettante ad un provveditore).
- **l'eccesso di potere**: può presentarsi negli atti discrezionali, in cui è previsto un margine di autonomia nell'effettuazione delle scelte da parte della P. A. Se il potere discrezionale viene usato in modo arbitrario o imparziale (es. trasferimento di un dipendente per motivi politici, o ordine di demolizione di un fabbricato per antipatia verso il proprietario). È comunque molto difficile dimostrare l'eccesso di potere.
- la **violazione di legge**: tutte le volte che si violano le norme che prescrivono determinati comportamenti (es. un provvedimento emanato senza acquisire pareri o accertamenti).

b) **I rimedi contro gli atti amministrativi**.

La stessa P. A. può agire d'ufficio per correggere i difetti di un proprio atto: questo potere viene detto di **autotutela** perché si protegge da sé contro i propri errori. Può:

- **annullare** l'atto per vizi di legittimità o di merito;
- **convalidare** l'atto emettendone uno nuovo senza i vizi del primo (sanatoria);
- **revocare** l'atto cioè ritirarlo.

Anche i soggetti privati danneggiati da un atto, possono agire contro di esso per ottenere l'annullamento attraverso i ricorsi:

- **ricorso amministrativo**, quando i privati si rivolgono contro la stessa amministrazione;
- **ricorso giurisdizionale**, quando i privati si rivolgono al giudice.

Unità 4. I mezzi dell'attività amministrativa

a) **I beni pubblici**.

Sono beni che vengono utilizzati dalla P. A. nell'esercizio dell'attività amministrativa per uno scopo di pubblico interesse. I beni pubblici comprendono:

- i **beni demaniali**;
- i **beni patrimoniali indisponibili**;
- i **beni patrimoniali disponibili**.

I **beni demaniali** sono beni immobili che appartengono esclusivamente allo Stato o, in certi casi, agli enti pubblici territoriali. Il **demanio pubblico** si distingue in:

- **demanio necessario** che è costituito da beni immobili che appartengono *necessariamente* allo Stato o alle Regioni e comprende il demanio marittimo (spiagge, lidi, porti) il demanio idrico (fiumi, torrenti, laghi) e militare (opere di difesa).
- **demanio eventuale** costituito da beni immobili che sono demaniali *solo se appartengono* allo Stato o ad un ente pubblico territoriale e comprende il demanio stradale, ferroviario, aeronautico artistico, archeologico (Es. collezione di un museo appartenente ad un privato).

Allo scopo di garantirne l'integrità, i beni demaniali sono sottoposti ad un regime giuridico diverso da quello dei beni privati in quanto non possono essere oggetto di:

- **alienazione**: non possono essere venduti o ceduti ad altri soggetti ed ogni atto in questo senso è nullo;
- **usucapione**: non possono essere acquistati da altri soggetti in base al possesso e al decorso del tempo;
- **espropriazione forzata**: i creditori dello Stato non possono chiedere la vendita dei beni dello Stato per soddisfare i propri crediti.

I **beni patrimoniali indisponibili** sono quei beni mobili o immobili appartenenti allo Stato o ad altri enti pubblici territoriali destinati *ad uno scopo di pubblica utilità* (foreste, miniere, beni delle forze armate, beni di interesse storico o artistico, edifici sede di uffici pubblici). Fin quando sono destinati a scopi pubblici sono sottoposti allo stesso regime giuridico dei beni demaniali, salvo che la loro vendita determina **l'annullabilità** piuttosto che la **nullità** dell'atto di alienazione (es. un edificio che ospitava uffici appena cessa questa funzione può essere venduto ai privati).
I **beni patrimoniali disponibili** sono beni di proprietà di un ente pubblico disciplinati dal diritto privato *perché non sono destinati* ad un fine pubblico. Possono essere mobili (denaro, titoli) o immobili (terreni o edifici) e possono essere alienati, dati in locazione ecc.

b) **Gli atti ablativi**.
Sono provvedimenti amministrativi diretti a sottrarre o a limitare per scopi di pubblica utilità la proprietà privata che in questo modo affievolisce da diritto soggettivo a interesse legittimo. I principali atti ablativi sono:
- **l'espropriazione per pubblica utilità**;
- la **requisizione**;
- **l'occupazione d'urgenza**;
- **l'avocazione**.

L'espropriazione per pubblica utilità consiste nella privazione o nel trasferimento coattivo (forzato) della proprietà di un bene immobile o di un altro diritto. Per compiere gli atti ablativi la P. A. deve rispettare alcune garanzie poste a tutela dei cittadini; infatti l'espropriazione può avvenire soltanto:

- nei casi e nei modi previsti dalla legge (riserva di legge);
- per realizzare un interesse generale della collettività (principio dell'interesse);
- in cambio del pagamento di un' indennità al soggetto espropriato (principio dell'indennizzo).
- Per espropriare un bene si deve osservare una procedura particolare che si articola nelle seguenti fasi:
- **apposizione del vincolo** sul bene (il bene viene *vincolato all'espropriazione* nel momento dell'approvazione del piano urbanistico);
- **dichiarazione di pubblica utilità** dell'opera che dovrà sorgere al posto del bene da espropriare (prevista anch'essa dal piano urbanistico);
- **determinazione dell'indennità** da corrispondere al proprietario del bene da espropriare;
- il **decreto** di esproprio.

La **requisizione** di un bene mobile o immobile è un provvedimento che può essere disposto per motivi militari; è un provvedimento di carattere eccezionale ammesso soltanto nei casi previsti tassativamente dalla legge. Può essere **in proprietà** (se ciò che è oggetto di requisizione viene sottratto definitivamente al proprietario) o **in uso** (se il proprietario è privato del bene temporaneamente) e comunque avviene sempre in cambio di un corrispettivo.

L'occupazione d'urgenza, consiste nell'occupazione temporanea di un bene immobile la cui utilizzazione è necessaria per potere realizzare un'opera dichiarata di pubblica utilità. Questo

provvedimento sottrae temporaneamente un bene immobile al proprietario, che ha diritto al pagamento di un'indennità.
L'avocazione, consiste nel trasferimento coattivo di cave alle Regioni nel caso di mancato sfruttamento da parte del proprietario a cui viene corrisposta una somma per i materiali estratti.

c) **I contratti della P. A.**

La P. A. può stipulare dei contratti con altri soggetti per procurarsi beni e servizi necessari per svolgere la sua attività.
I **contratti della P. A.** sono contratti di diritto regolati dal diritto amministrativo, per quel che riguarda la formazione e il contenuto del contratto, e dal diritto civile per quel che riguarda la esecuzione del contratto.
Il procedimento contrattuale della P. A. si articola in 5 fasi:

- **deliberazione del contratto**: consiste nella decisione della P. A. di stipulare un determinato contratto per soddisfare un interesse pubblico; in alcuni casi la decisione deve essere preceduta da un parere che, di solito, è soltanto di legittimità e non è vincolante.
- **determinazione del contenuto del contratto**: è una fase diretta a stabilire il regolamento contrattuale, cioè i diritti e i doveri che derivano dal contratto e avviene in base ai capitolati della pubblica amministrazione. Negli ultimi anni alcune leggi speciali hanno cercato di frenare l'aumento incontrollato dei costi delle opere pubbliche (divieto di tacito rinnovo, clausole di revisione dei prezzi nei contratti di durata).
- **scelta del contraente**: anche questa fase è regolata da norme di diritto pubblico: infatti la P. A. a differenza dei soggetti privati, non può scegliere liberamente il contraente ma, per assicurare l'imparzialità dell'attività amministrativa, deve procedere ad una gara pubblica. A seconda del tipo di contratto la P. A. può utilizzare uno dei seguenti sistemi:

- **l'asta pubblica**: è una gara pubblica che si svolge tra coloro che sono disposti a concludere un contratto con la P. A. e si conclude con l'aggiudicazione al miglior offerente;
- la **licitazione privata**: è una gara riservata alla quale possono partecipare soltanto coloro che sono stati invitato dalla P. A., in base ai loro requisiti tecnici e professionali, a fare delle offerte per fornire un determinato bene o servizio; è possibile il ricorso a questo sistema quando ricorrono motivi di urgenza o di convenienza e termina con l'aggiudicazione della gara all'impresa che ha presentato l'offerta più vantaggiosa in merito al rapporto qualità/prezzo;
- **l'appalto/concorso**: consiste in un concorso per la presentazione del piano particolareggiato di un'opera, con l'indicazione delle caratteristiche tecniche ed economiche della stessa; in questo caso la P. A. predispone il piano di massima dell'opera pubblica partecipando, con l'altro contraente, alla determinazione dell'oggetto del contratto e non è tenuta a scegliere l'offerta più conveniente ma quella che ritiene più adatta a soddisfare l'interesse pubblico.
- la **trattativa privata**: ricorre in casi particolari quando la P. A. sceglie direttamente il contraente di sua fiducia o contatta direttamente alcune imprese concludendo il contratto con quella che presenta l'offerta più conveniente. Questa procedura in cui la P. A. si comporta come se fosse un soggetto privato, dovrebbe essere adottata solo in casi eccezionali perché da meno garanzie di trasparenza (situazioni di urgenza).
- Il nuovo Codice dei Contratti Pubblici, introdotto dal Decreto Legislativo 36/2023, sostituisce il precedente D. Lgs. 50/2016, e mira a semplificare e razionalizzare la disciplina degli appalti pubblici, con particolare attenzione alla digitalizzazione e alla trasparenza.
- Novità principali del nuovo codice:

- Digitalizzazione:il codice promuove l'uso di piattaforme digitali per la gestione delle procedure di appalto, dalla programmazione all'esecuzione.
- Trasparenza:viene rafforzato il principio di trasparenza, con l'obbligo per le stazioni appaltanti di rendere disponibili, ai candidati ammessi, l'offerta dell'aggiudicatario, i verbali di gara e gli atti presupposti all'aggiudicazione.
- Semplificazione: il nuovo codice mira a snellire le procedure, riducendo il numero di norme, regolamenti e linee guida da seguire.
- Efficienza: le stazioni appaltanti sono incoraggiate a utilizzare modalità di affidamento più rapide e semplici, nel rispetto dei principi di concorrenza e trasparenza.
- Equilibrio contrattuale: viene introdotto il principio di conservazione dell'equilibrio contrattuale durante l'esecuzione del contratto.

d) **Il rapporto di pubblico impiego**.

Per poter svolgere i suoi compiti, la P. A. ha bisogno di persone fisiche che svolgano un'attività al suo servizio. Il rapporto di pubblico impiego è il rapporto tra la P. A. ed i dipendenti pubblici che hanno con essa un rapporto di servizio volontario, professionale e continuativo. Rientrano nel pubblico impiego tutti i dipendenti dello Stato e degli altri enti pubblici territoriali e non. Con la riforma del pubblico impiego (1993) il rapporto di servizio si è trasformato progressivamente da un rapporto di pubblico impiego, disciplinato solo dalla legge e dagli atti della P. A., in un rapporto di diritto privato disciplinato dal codice civile, dalle leggi speciali e dai contratti collettivi. In pratica il pubblico impiego, per ragioni di efficienza e di economicità è stato equiparato ai rapporti di impiego privati sia sotto il profilo giuridico che professionale. Con il *principio della flessibilità*, la P. A. ha la possibilità di spostare i lavoratori da un posto all'altro, sia all'interno della stessa amministrazione sia tra amministrazioni diverse.

e) **Costituzione del pubblico impiego**.

Di regola l'accesso al pubblico impiego avviene mediante **concorso**, salvo alcune *categorie protette* (portatori di handicap) o *categorie inferiori* (che possiedono un titolo di studio di licenza della scuola dell'obbligo) e ciò per assicurare l'imparzialità della pubblica amministrazione. Per accedervi è necessario possedere alcuni requisiti:

- cittadinanza italiana o comunitaria;
- maggiore età;
- idoneità fisica all'impiego;
- godimento dei diritti politici;
- titolo di studio.

Il rapporto di lavoro tra dipendente pubblico e P. A. si costituisce con **la conclusione del contratto individuale** di lavoro e può essere *di ruolo e non di ruolo* (precario) per esigenze di carattere temporaneo. I dipendenti vengono inquadrati in quattro categorie professionali e ad ogni categoria corrispondono profili professionali e livelli retributivi diversi. Alle qualifiche più basse corrispondono mansioni più semplici, alle qualifiche più alte corrispondono mansioni più complesse. La carriera avviene per concorso e per anzianità. Disposizioni particolari riguardano i *dirigenti*, ai quali viene riconosciuta piena autonomia, ma anche la responsabilità per il conseguimento dei risultati nei settori di loro competenza ed una formazione particolare.

f) **Modificazione del pubblico impiego**.

Il rapporto di pubblico impiego può subire delle modificazioni per una delle seguenti cause:

- **aspettativa**, cioè sospensione dell'obbligo di servizio in casi previsti dalla legge (infermità, motivi personali, mandato elettivo);
- **disponibilità**, si ha quando il dipendente per motivi a lui non imputabili (soppressione del suo ufficio, riduzione dell'organico) viene sospeso temporaneamente dall'obbligo di servizio ma conserva il diritto alla conservazione del posto ed alla retribuzione);
- **il comando ed il distacco**, con cui l'impiegato viene trasferito temporaneamente presso un'altra amministrazione;
- il **collocamento fuori ruolo** quando il dipendente deve svolgere funzioni estranee ai suoi compiti.

g) **Diritti e doveri dei pubblici dipendenti**.
I dipendenti pubblici hanno una serie di diritti:
- **diritto all'ufficio**, ossia a ricoprire un posto corrispondente a quello per cui sono stati assunti;
- **diritto alla retribuzione**, che deve corrispondere alla propria qualifica funzionale, stabilita nel contratto nazionale di comparto;
- **diritto al riposo settimanale ed alle ferie**;
- diritto al congedo straordinario (malattia, maternità, matrimonio);
- **diritti sindacali** spettanti ai lavoratori del settore privato, compreso il diritto allo *sciopero*; alcune limitazioni sono però state introdotte con la **legge 29/90** per i lavoratori che operano in alcuni settori pubblici essenziali (sanità, trasporti, scuola, raccolta dei rifiuti, giustizia). In quest'ambito lo sciopero deve essere dichiarato con un preavviso di 10 giorni.

Gli stessi devono assolvere i seguenti doveri:

- **diligenza**, ovvero svolgere con opportunità e correttezza i compiti assegnati;
- **obbedienza**, rispetto delle direttive dei superiori gerarchici (quando non palesemente illegittime);
- **fedeltà**, obbligo di non divulgare all'esterno le informazioni apprese in ragione del loro ufficio (segreto d'ufficio ma accesso ai documenti non coperti dal segreto);
- **esclusività**, divieto di svolgere ulteriori attività incompatibili.

h) **Responsabilità disciplinare, penale e civile.**
Con la riforma del pubblico impiego, la competenza a decidere sulle controversie tra impiegati e P. A. è stata trasferita dal giudice amministrativo al giudice ordinario. Invece, se il dipendente pubblico non osserva i propri doveri può essere sottoposto a sanzioni disciplinari. Le sanzioni dipendono dalla gravità delle infrazioni: si va dalla *censura* (un richiamo) alla *sospensione*, fino alla *destituzione*.
I pubblici dipendenti sono anche responsabili di comportamenti che violano i diritti di soggetti esterni. A questo proposito occorre distinguere tra responsabilità penale e civile. La prima avviene quando il dipendente commette un reato: peculato, malversazione, concussione, corruzione e abuso d'ufficio. La seconda possibilità si verifica nel caso in cui il pubblico dipendente, con il suo comportamento doloso o colposo, cagiona ad altri un danno ingiusto (in questi casi la responsabilità si estende anche allo stato o all'ente pubblico).

i) **Cessazione del rapporto di lavoro.**
Il rapporto di lavoro si estingue per:
- **raggiungimento dei limiti d'età** (pensionamento);
- **morte del pubblico dipendente**;

- **dimissioni**, quando il pubblico dipendente pone fine spontaneamente al rapporto di servizio con la P. A.;
- **licenziamento**, quando è la P. A. a far cessare il rapporto.

Le recenti riforme del pubblico impiego in Italia si concentrano su diverse aree chiave, tra cui l'accesso e il reclutamento, la semplificazione amministrativa, e la valorizzazione delle competenze e carriere dei dipendenti pubblici. Un focus particolare è stato posto sulla digitalizzazione e sull'efficientamento dei processi, con l'obiettivo di rendere la Pubblica Amministrazione più moderna e reattiva.

- Il D. L. 25/2025 ha introdotto nuove regole per la Pubblica Amministrazione, riguardanti concorsi, mobilità e scorrimento di graduatorie, in quanto il decreto punta a migliorare il coordinamento amministrativo e il rafforzamento della gestione, con un'attenzione particolare all'utilizzo di strumenti informatici.

Unità 1. L'organizzazione amministrativa

Dopo aver studiato la P. A. in senso oggettivo, come *attività* diretta alla realizzazione degli interessi pubblici, passiamo ora ad esaminare la P. A. in senso *soggettivo*, come *insieme di organi ed enti* che svolgono in concreto tale attività.
Tradizionalmente la P. A. viene distinta in amministrazione *diretta* o *statale*, e *indiretta* o *degli enti pubblici.* L'amministrazione diretta centrale è costituita da organi centrali che svolgono le loro funzioni su tutto il territorio dello stato, l'amministrazione diretta periferica è formata da organi locali che esercitano la loro azione solo su una parte del territorio.

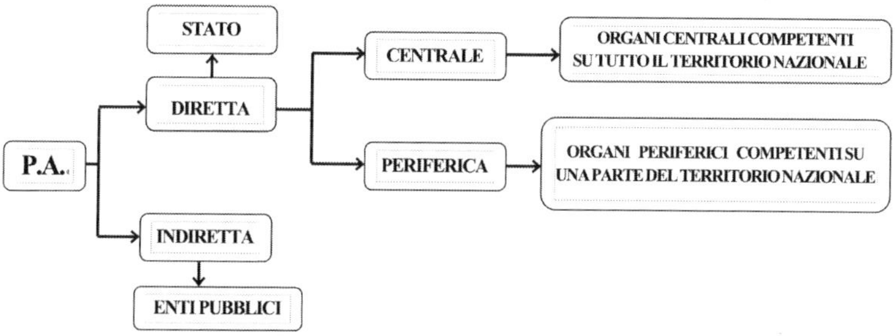

La P. A. può essere attiva, consultiva e di controllo.
L'amministrazione attiva svolge un'attività diretta alla soddisfazione concreta dei bisogni pubblici.

a) **Gli organi centrali attivi**.
Gli organi attivi centrali, sono organi costituzionali che, oltre alle funzioni politiche, svolgono anche funzioni amministrative e sono:

- il **Presidente della Repubblica**: ha poteri solo formali sotto il profilo amministrativo (emana alcuni atti amministrativi governativi);
- il **Presidente del Consiglio Dei Ministri**: ha il compito di coordinare e dirigere l'attività dei singoli ministri. A tale scopo può:
  - **emanare** direttive vincolanti per i ministri;
  - **sospendere** gli atti dei ministri;
  - **istituire** comitati interministeriali;
- il **Consiglio dei Ministri**: ha il compito di fissare l'indirizzo generale della politica amministrativa e di adottare atti di alta amministrazione (approva i disegni di legge governativi, risolve i conflitti tra ministri);
- i **Ministri**: hanno il compito di dirigere il proprio ministero.

b) **Gli organi attivi periferici**.

Gli organi attivi periferici sono:

- il **Prefetto**: rappresenta il governo nella provincia ed è responsabile dell'ordine pubblico e della sicurezza. Può emanare provvedimenti urgenti sul territorio della provincia e controlla gli organi locali;
- il **Sindaco**: è il rappresentante del governo nel comune sotto la direzione del ministro dell'interno e del prefetto, ma è anche capo dell'amministrazione comunale (cfr. enti locali);
- **altri organi periferici**, ovvero Questura, Direzioni Regionali delle Entrate, Uffici Scolastici Regionali.

c) **Gli organi consultivi**.

Svolgono una funzione accessoria e preparatoria rispetto a quella degli organi attivi. In pratica esprimono pareri sugli atti degli organi dell'amministrazione attiva.

I pareri sono atti amministrativi contenenti un giudizio o una valutazione. Vengono formulati a richiesta degli organi interessati e sono preventivi in quanto precedono l'emanazione del provvedimento a cui si riferiscono.

In relazione alla sua efficacia, il parere può essere:

- **facoltativo**, non deve necessariamente essere richiesto;
- **obbligatorio**, deve essere richiesto, ma non necessariamente eseguito;
- **vincolante**, devono essere richiesti ed eseguiti.
- In relazione al contenuto, possono essere di:
- **legittimità**, riguardano la conformità alla legge del provvedimento;
- **merito**, riguardano l'opportunità dell'atto.

I principali organi consultivi sono:

- il **Consiglio di Stato**: organo di rilevanza costituzionale che svolge sia una funzione consultiva, sia giurisdizionale (ricorsi amministrativi). I pareri al consiglio di Stato sono richiesti dal Consiglio dei Ministri e, di regola, sono facoltativi e di legittimità. In pochi casi sono vincolanti;
- Il **CNEL** è un organo di rilevanza costituzionale con funzioni di consulenza in materia economico-sociale. I pareri del CNEL sono richiesti dal parlamento, dal governo e dalle regioni. Il CNEL può, inoltre, presentare proposte di legge o effettuare ricerche in materia economico-sociale;
- l'**Avvocatura di Stato** svolge una funzione di assistenza e rappresentanza processuale o consulenza legale nei confronti dello stato o di altre amministrazioni pubbliche. Le consulenze riguardano:
  - i contratti della P. A.;
  - le proposte di legge;
  - le decisioni sui ricorsi.

d) **Gli organi di controllo**.

Compiono un riesame degli atti amministrativi. I controlli possono essere:

- di legittimità o di merito;
- preventivi o successivi;
- sugli organi.

I principali organi di controllo sono:

- la **Corte dei Conti**: è un organo di controllo che riesamina gli atti attraverso un controllo preventivo di legittimità (*visto*) sui singoli atti amministrativi; inoltre svolge un controllo finanziario sulla gestione, cioè sull'efficienza ed efficacia, del bilancio e del patrimonio delle amministrazioni pubbliche ed un controllo successivo sul rendiconto dello stato (giudizio di parificazione);
- la **Ragioneria Generale dello Stato**: svolge una funzione di controllo interno sulla gestione economico-finanziaria e patrimoniale, compiendo ispezioni contabili attraverso i suoi ispettori.

Unità 2 . L'amministrazione indiretta e le autonomie locali

L'amministrazione indiretta comprende gli enti pubblici distinti dallo stato, ai quali sono attribuiti dalla legge compiti amministrativi rivolti alla realizzazione di fini di pubblico interesse, e l'attività concreta che tali enti svolgono. Gli enti pubblici possono essere:

- **territoriali**: sono quelli in cui il territorio ne rappresenta l'elemento costitutivo (territorio, popolo, sovranità); hanno un *potere di comando* nei confronti di coloro che risiedono nell'ambito del territorio, sono *enti necessari* in quanto chi vi risiede fa parte necessariamente dell'ente senza bisogno di una dichiarazione espressa, sono a *fini generali*;

- **non territoriali o istituzionali**: sono enti *non necessari* perché comprendono coloro che si trovano in una determinata situazione giuridica (i pensionati, gli invalidi ecc. ecc.) e che vi aderiscono volontariamente; sono a *fini determinati* in quanto sono istituiti per realizzare uno scopo pubblico particolare (previdenza, assistenza, ecc. ecc.), non hanno un *potere d'imperio* ma solo poteri amministrativi, disciplinati di volta in volta dalla legge. Gli *enti istituzionali*, inoltre, si distinguono in:
- **enti nazionali** se operano in tutto il territorio nazionale (INPS, ISTAT, BANCA D'ITALIA, CNR, INAIL ecc. ecc.);
- **enti locali**, quando operano su un territorio più limitato (camere di commercio, ordini professionali, ecc. ecc.).

a) **Il Comune**.

Il comune è *l'ente territoriale* a contatto più diretto con i cittadini. I principali organi elettivi del comune, sono:

- il **Consiglio Comunale**: è l'organo di indirizzo e di controllo politico-amministrativo del comune. È formato dai consiglieri (da 12 a 60) eletti direttamente dagli elettori con il sistema maggioritario, e da un presidente eletto dai consiglieri nei comuni più grandi; ha il compito di provvedere al funzionamento del comune, di approvare lo statuto ed i regolamenti, di gestire i bilanci ed approvare gli atti. Può essere sciolto dal governo per motivi previsti dalla legge e, in questo caso, viene nominato un commissario straordinario; lo scioglimento può avvenire anche automaticamente per effetto di una mozione di sfiducia approvata a maggioranza assoluta dai consiglieri, nei confronti del sindaco e giunta.
- la **Giunta Comunale**: è formata da un numero di assessori (ciascuno competente in un settore) stabilito dallo statuto; è

l'organo esecutivo cioè provvede alla preparazione ed esecuzione di tutte le deliberazioni dei vari organi.

- il **Sindaco**: è l'organo posto al vertice del comune ed ha funzione di presidenza della giunta e del consiglio comunale (nei comuni più piccoli); rappresenta il comune da un punto di vista politico e giuridico oltreché di direzione e di vigilanza sull'attività comunale.

Il comune svolge funzioni proprie o delegate. In base al principio di sussidiarietà, le funzioni amministrative proprie comprendono tutte le attività di interesse locale (polizia urbana, lavori pubblici, servizi sociali, nettezza urbana, urbanistica) non attribuite allo stato, province o regioni. Le funzioni delegate sono quelle attribuite al comune da stato o regioni. Il comune può ulteriormente decentrarsi, suddividendo il suo territorio in circoscrizioni (in genere nei comuni più grandi) con compiti consultivi e gestionali.

b) **La Provincia**.

La Provincia è un ente locale intermedio tra Regione e Comune. Ultimamente sono stati ampliati compiti e funzioni di questo ente per cercare di dargli nuovo impulso. In particolare la legge n. 56 del 2014 (legge Del Rio), ha segnato una svolta nella disciplina degli enti locali ridefinendo il ruolo delle Province, istituendo le Città Metropolitane e regolamentando le unioni e fusioni di Comuni. Questa legge ha previsto un trasferimento di funzioni dalle Province alle Regioni e Città metropolitane. Attualmente le Province svolgono funzioni di pianificazione strategica e di coordinamento, , gestione dei servizi, tutela dell'ambiente, trasporti, e promozione dello sviluppo economico e sociale. La Provincia ha autonomia statutaria e di regola le sono affidate solo funzioni amministrative. Gli organi della Provincia, secondo la normativa attuale (Legge 7 aprile 2014, n. 56), sono: il

Presidente della Provincia, il Consiglio Provinciale e l'Assemblea dei Sindaci. Non è più prevista la Giunta Provinciale.

- il **Consiglio Provinciale**: è eletto ogni 5 anni dal corpo elettorale e ha funzioni di controllo politico-amministrativo nei confronti della Giunta e funzioni deliberative (statuto, bilancio).
- la **Giunta Provinciale**: è composta dal Presidente della Provincia e da un certo numero di assessori nominati da quest'ultimo ed ha funzioni esecutive e deliberative.
- il **Presidente della Provincia**: rappresenta l'ente e coordina e dirige i lavori di Giunta e consiglio, dirige e vigila sugli organi provinciali, nomina funzionari e dirigenti provinciali; a differenza del Sindaco non ha funzioni di ufficiale di governo che spettano al Prefetto. È eletto con sistema maggioritario a doppio turno, cioè con ballottaggio.

La Provincia svolge solo funzioni amministrative e cioè:
- difesa del suolo e tutela dell'ambiente (parchi, riserve, risorse idriche);
- trasporti e viabilità (manutenzione strade provinciali).;
- edilizia scolastica;
- valorizzazione beni culturali.

c) **Le Regioni**.

La Regione è l'ente pubblico territoriale più ampio e può essere a *statuto speciale* o a *statuto ordinario*. Le **Regioni a statuto speciale** sono 5 e godono di un'autonomia molto ampia e di una competenza legislativa esclusiva nel senso che, in certe materie, legiferano senza l'ausilio del Parlamento. Hanno uno statuto speciale che deve essere approvato dal Parlamento con legge costituzionale: essendo una legge costituzionale lo statuto prevale sulle

leggi ordinarie del Parlamento e non può essere modificato da queste ultime.
Le **Regioni a statuto ordinario** sono state istituite nel 1970 e sono 15; hanno uno statuto che stabilisce la forma di governo della Regione e i principi fondamentali organizzativi e che viene approvato con legge regionale (riforma del 2001).
Gli organi della Regione sono:

- il **Consiglio Regionale**: è l'organo deliberativo della Regione ed è composto da **consiglieri** regionali eletti dal corpo elettorale con sistema proporzionale (4/5) e maggioritario (1/5). La carica di consigliere è incompatibile con le altre cariche politiche elettive; i consiglieri sono **insindacabili** per le opinioni espresse, ma **non inviolabili** (possono essere arrestati senza bisogno di autorizzazione a procedere). Il consiglio regionale approva un **regolamento** interno ed elegge un **Presidente del Consiglio Regionale**. Al suo interno si formano delle **commissioni** suddivise per materia che non possono però approvare le leggi al loro interno come avviene in Parlamento. Ha potere di **iniziativa legislativa** (può presentare un progetto di legge al Parlamento) e con altri 4 Consigli può chiedere il **referendum** per abrogare una legge ordinaria. Anche il Consiglio Regionale come quello comunale **può essere sciolto** per gravi motivi o in caso di approvazione di una mozione di sfiducia nei confronti del Presidente della Giunta votata a maggioranza assoluta dei consiglieri;
- la **Giunta Regionale**: è l'organo esecutivo della regione ed è formata da un numero variabile di assessori preposti ad un assessorato per nomina del Presidente della Regione. Gli assessori preparano i progetti di legge e di bilancio e svolgono funzioni amministrative e regolamentari;
- il **Presidente della Regione**: rappresenta la Regione, dirige la Giunta, promulga le leggi regionali, emana i

regolamenti e viene eletto ogni 5 anni dal popolo con doppio turno e ballottaggio.

Le funzioni delle Regioni, sono funzioni legislative, regolamentari ed amministrative e cioè:

- la **funzione legislativa**: le leggi regionali vengono emanate o in maniera esclusiva e cioè in tutte le materie non attribuite allo Stato o in maniera concorrente e cioè insieme allo Stato che ne fissa i principi fondamentali ed in materie tassativamente previste dalla Costituzione;
- la **funzione regolamentare**: le regioni emanano regolamenti regionali attuativi o integrativi delle leggi regionali.
- la **funzione amministrativa**: consiste nelle attività concrete (attraverso i provvedimenti) dirette a soddisfare interessi pubblici.

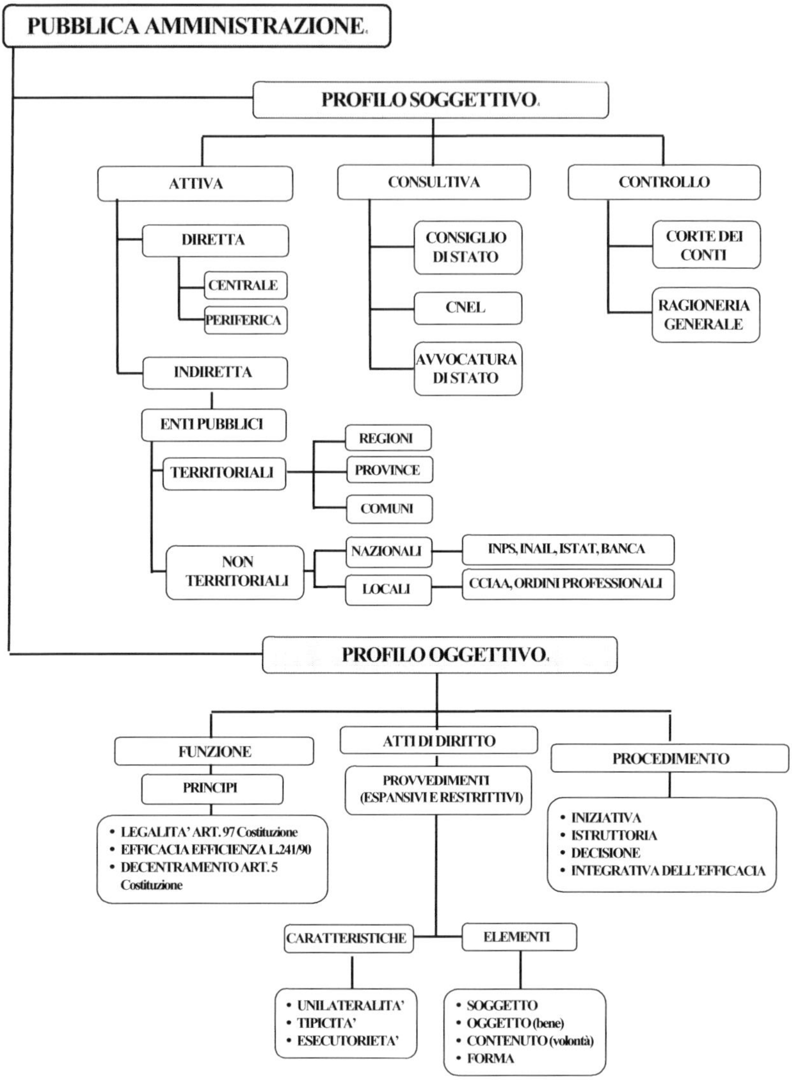

PUBBLICA AMMINISTRAZIONE
PROFILO SOGGETTIVO
ATTIVA
CONSULTIVA
CONTROLLO
DIRETTA
CENTRALE
PERIFERICA
INDIRETTA
ENTI PUBBLICI
TERRITORIALI
REGIONI
PROVINCE
COMUNI
NON TERRITORIALI
NAZIONALI
INPS, INAIL, ISTAT, BANCA
LOCALI
CCIAA, ORDINI PROFESSIONALI
CONSIGLIO DI STATO
CNEL
AVVOCATURA DI STATO
CORTE DEI CONTI
RAGIONERIA GENERALE
PROFILO OGGETTIVO
FUNZIONE
PRINCIPI
• LEGALITA' ART. 97 Costituzione
• EFFICACIA EFFICIENZA L.241/90
• DECENTRAMENTO ART. 5 Costituzione
ATTI DI DIRITTO
PROVVEDIMENTI (ESPANSIVI E RESTRITTIVI)
CARATTERISTICHE
• UNILATERALITA'
• TIPICITA'
• ESECUTORIETA'
ELEMENTI
• SOGGETTO
• OGGETTO (bene)
• CONTENUTO (volontà)
• FORMA
PROCEDIMENTO
• INIZIATIVA
• ISTRUTTORIA
• DECISIONE
• INTEGRATIVA DELL'EFFICACIA

Sezione 2

SCIENZA DELLE FINANZE

PARTE PRIMA

LA SCIENZA DELLE FINANZE

Modulo 1. La Finanza pubblica

Unità 1. Il Settore pubblico dell'Economia

I bisogni economici sono delle esigenze umane che possono essere soddisfatte con l'impiego di beni economici e che possono essere avvertite dalla persona o **individualmente** o **collettivamente**. Nel primo caso l'individuo tende a soddisfare le sue esigenze privatamente, nel secondo diventa necessario, per l'essere umano, associarsi con altri individui perché i suoi bisogni vengano soddisfatti (es. difesa dagli attacchi esterni, salute, istruzione, trasporti, comunicazione ecc.). In ogni caso i beni economici che dovrebbero soddisfare l'individuo, sono disponibili in quantità inferiore al fabbisogno individuale e collettivo. Con l'evoluzione e il progresso sociale, i bisogni avvertiti dagli individui tendono a moltiplicarsi e si ritiene sia sempre più necessario soddisfarli per assicurare stabilità e benessere dei gruppi sociali.
I **bisogni pubblici** sono quei bisogni economici che rappresentano *un interesse della collettività* e vengono soddisfatti dallo Stato o da un altro ente pubblico. I più importanti, come già accennato, si riferiscono alle **funzioni essenziali per la sopravvivenza** dello Stato (ordine pubblico, difesa, repressione dei reati, relazioni internazionali), alla creazione di **infrastrutture necessarie** allo sviluppo (vie di comunicazione, trasporti), a interessi individuali particolarmente meritevoli di tutela detti anche **bisogni di merito** (istruzione, sanità, trasporti). Non sempre i bisogni collettivi sono soddisfatti dallo Stato attraverso l'erogazione di servizi e beni pubblici, ma molti bisogni possono essere soddisfatti dai

privati attraverso i meccanismi del mercato (domanda e offerta per la formazione del prezzo). Dunque **il concetto di bisogno collettivo non coincide con quello di bisogno pubblico**.
I beni e i servizi pubblici erogati dallo Stato o da altri enti pubblici possono avere carattere **indivisibile** o **divisibile**.
I beni e i servizi indivisibili o generali sono destinati alla collettività presa nel suo insieme (difesa, ordine pubblico, punizione dei reati, tutela dell'ambiente, infrastrutture). Ciò vuol dire che non è possibile determinare la parte di utilità di cui fruiscono i singoli individui dal momento che non sono richiesti da singole persone.
I beni e i servizi divisibili o speciali, sono quelli prestati dalla pubblica amministrazione dello Stato ai singoli cittadini e di cui questi ultimi fruiscono singolarmente (sanità, trasporti, istruzione). In questo caso è possibile individuare gli utenti dei servizi e la parte di cui fruiscono. Inoltre questo tipo di servizi producono anche **esternalità**, vale a dire che offrono benefici anche a terzi che non hanno richiesto servizi di tal genere o all'intera collettività (per es. l'istruzione pubblica avvantaggia aziende e mercato del lavoro in genere e un buon funzionamento della giustizia civile avvantaggia ancora le aziende e lo sviluppo dell'intera collettività).
L'attività economica della pubblica amministrazione consiste nella produzione ed erogazione di beni e servizi per il soddisfacimento dei bisogni pubblici. Questa attività non può essere svolta dal settore privato perché i meccanismi del mercato, regolati dall'automatismo della legge della domanda e dell'offerta, falliscono di fronte alle caratteristiche dei beni e dei servizi pubblici (fallimenti di mercato) poiché:

- nel settore privato ciascun operatore valuta le convenienze di una scelta basandosi sul proprio **tornaconto personale** (**profitto**), ma sì facendo il **prezzo** che si formerebbe sul

mercato potrebbe essere troppo elevato mentre i beni e i servizi divisibili dovrebbero essere **accessibili a tutti**;
- la realizzazione delle opere e l'erogazione dei servizi pubblici potrebbe comportare **costi troppo alti per i privati** al punto che, essendo i ricavi non immediati, non sarebbe conveniente avviarne la produzione;
- nel settore pubblico il **costo dei servizi viene sopportato dai cittadini**, che hanno il dovere di finanziare la spesa pubblica;
- solo nel settore pubblico è possibile intervenire per **ridistribuire le risorse** e correggere gli squilibri con adeguate politiche fiscali e per favorire sviluppo e stabilità del sistema economico con politiche monetarie e fiscali;
- il **settore pubblico dell'economia presuppone quello privato** poiché le risorse necessarie a soddisfare i bisogni pubblici esistono se c'è una sana economia privata che deve essere incrementata e sviluppata con l'aiuto di quella pubblica e viceversa. Oggi accanto a quello pubblico e privato esiste un terzo settore, denominato no profit, in cui organizzazioni senza scopo di lucro erogano servizi di utilità sociale (assistenza sociale, tutela dell'ambiente, ricerca scientifica) finanziandosi attraverso contributi propri o volontari. In definitiva, l'inadeguatezza del mercato a produrre beni e servizi pubblici spiega perché non sono offerti in vendita dai privati, ma vengono erogati dallo Stato e dagli enti pubblici.

La **scienza delle finanze** studia l'attività mediante la quale la pubblica amministrazione acquisisce e impiega risorse per soddisfare fini di pubblico interesse. Gli obiettivi da raggiungere e gli strumenti per farlo sono stabiliti dagli organi di governo attraverso valutazioni politiche che stabiliscono attraverso quali programmi conseguire i fini di interesse generale. Tali organi vengono eletti democraticamente dai cittadini. Le difficoltà cui gli organi politici normalmente vanno incontro risiedono nel fatto che i mezzi e le risorse da impiegare sono limitati rispetto alla pluralità di interessi da realizzare. Le scelte di economia pubblica risultano convenienti se producono effetti positivi sull'economia nazionale, facendo sopportare minimi costi e riuscendo a distribuire le risorse nel modo economicamente più razionale. La scienza delle finanze ha stretti rapporti con altre scienze come:

- **l'economia politica** che si occupa dei principi che regolano l'intero sistema economico;
- la **statistica** in quanto la finanza pubblica è un fenomeno di massa che necessita dell'osservazione e l'elaborazione dei dati;
- il **diritto** poiché l'attività economica del settore pubblico si realizza attraverso atti regolati dalla legge e gli organi di governo non possono agire in maniera arbitraria ma conformemente alle leggi;
- il **diritto finanziario e tributario**, l'uno che riguarda le regole che disciplinano l'attività finanziarie della P. A (pubblica amministrazione), l'altro relativo all'imposizioni dei tributi ai privati cittadini (famiglie e imprese).

Unità 2. Il ruolo dello Stato nell'economia

Il **ruolo dello Stato nell'economia** è stato interpretato nel tempo in maniera diversa. Si va dalla concezione classica dell'assoluta separazione tra settore pubblico e settore privato (**finanza neutrale**: lo Stato non interviene se non per riscuotere le entrate per coprire le spese necessarie o istituzionali come la difesa, l'ordine pubblico, la giustizia, le relazioni internazionali, dunque per compiere le funzioni essenziali svolgendo un ruolo *neutro*, secondo la concezione economica **liberista**) a quella "**keynesiana**" della finanza pubblica come strumento di politica economica (**finanza funzionale**: lo Stato ha una funzione attiva nei confronti del sistema economico ed interviene attraverso politiche finanziarie, cioè l'insieme degli interventi in campo economico realizzati con gli strumenti della finanza pubblica[1] per ridurre gli squilibri del sistema economico e incentivare lo sviluppo economico, come per esempio le infrastrutture, la sanità, l'istruzione, i trasporti altrimenti noto come "*Welfare State*" o "*Stato del benessere*"), fino alle odierne concezioni neoliberistiche, che, pur non escludendo la funzione attiva della finanza pubblica, ne ridimensionano la portata. La politica fiscale o finanziaria non è infatti uno strumento infallibile e può presentare anche effetti negativi:

- gli organi politici, per motivi di consenso elettorale, puntano più a misure dirette ad alleggerire il prelievo fiscale ed ad aumentare la spesa anche quando la situazione economica richiederebbe il contrario.
- l'attività finanziaria pubblica rischia di estendersi troppo soffocando le iniziative private o più frequentemente dando luogo a sprechi e inefficienze o ancora causando gravi deficit di bilancio.

Le condizioni di equilibrio di un sistema economico sono basate su un giusto rapporto tra consumi, risparmi ed investimenti, tale da assicurare il pieno impiego delle risorse disponibili per cui tutto il denaro risparmiato all'interno del sistema economico deve affluire sul mercato dei capitali e deve essere investito dalle imprese. L'equazione macroeconomica che rappresenta questo equilibrio è:

$$\mathbf{Y = C + I}$$

1 La politica delle entrate pubbliche, la politica della spesa pubblica, il loro coordinamento attraverso il bilancio dello stato e la gestione di alcune risorse economiche attraverso le imprese pubbliche.

dove **Y** è il livello della produzione, **C** rappresenta i consumi complessivi e **I** gli investimenti complessivi.
Ma **Y** rappresenta anche il reddito complessivo del sistema economico in quanto il livello della produzione genera un flusso di reddito che si divide fra i fattori produttivi che hanno dato il loro contributo alla produzione stessa e cioè sotto forma di *salari* o *stipendi, profitti, interessi e rendite.*
La **pubblica amministrazione come operatore del sistema economico** offre beni e servizi e domanda per consumi e investimenti pubblici (acquista e investe) e, quindi, concorre alla formazione della domanda e dell'offerta globale. La nostra equazione diventa dunque:

$$\mathbf{Y = C + I + G}$$

dove **G** indica la spesa pubblica.
Inoltre, prelevando i tributi, lo Stato come operatore economico incide sulla situazione di famiglie e imprese riducendo le loro possibilità economiche (consumi, risparmi, investimenti) ma, al contempo, offrendo beni e servizi dà loro dei vantaggi economici. Se poi aggiungiamo le relazioni che ogni stato ha con l'estero la nostra equazione diviene definitivamente:

$$\mathbf{Im + Y = C + I + G + Ex}$$

dove **Im** rappresenta il volume complessivo delle importazioni e **Ex** quello delle esportazioni.

In questa ultima equazione, **l'offerta globale** è costituita da tutto ciò che viene prodotto e importato all'interno di un paese e la **domanda globale** dalla somma dei consumi, degli investimenti, degli interventi di finanza pubblica e di ciò che viene esportato.

Gli **obiettivi** della politica finanziaria sono:
1. la produzione di beni e servizi pubblici;
2. lo sviluppo economico (crescita del PIL);
3. la stabilità dei prezzi;
4. l'equa distribuzione del reddito nazionale.

Questi obiettivi sono determinati dalla politica economica dello Stato in maniera più o meno ampia, in base all'orientamento politico che caratterizza il governo in un determinato momento. Una politica di stampo liberista tenderà a limitare gli obiettivi o all'interno degli stessi, campi e settori di intervento; al contrario una politica di stampo interventista tenderà ad attuare un indirizzo politico di ampio intervento.
La **politica di sviluppo** richiede una serie di interventi di lungo periodo atti a incrementare le risorse di cui un paese dispone (PIL, RN) attraverso una serie di investimenti sia su opere pubbliche e infrastrutture, di cui ha sempre bisogno un'economia sviluppata, sia su risorse umane come istruzione, ricerca e innovazione, senza le quali è impossibile immaginare la crescita futura.
La **politica di stabilizzazione** richiede invece interventi a breve-medio termine per stabilizzare i prezzi e la domanda complessiva: se i prezzi sono bassi e la domanda insufficiente le manovre consisteranno nell'alleggerire il prelievo fiscale e incrementare la spesa pubblica e, sotto il profilo monetario, nell'abbassare i tassi di interesse per immettere moneta nel sistema; se al contrario i prezzi sono alti e la domanda è eccessiva rispetto alle risorse disponibili, la manovra consisterà nell'aumentare il prelievo fiscale e alleggerire la spesa pubblica e, sotto il profilo monetario, aumentare i tassi di interesse per sottrarre moneta al sistema in modo da fare tornare il sistema economico in equilibrio.
La **politica di redistribuzione** ha lo scopo di attenuare gli squilibri nella distribuzione della ricchezza fra le diverse

categorie sociali (abbienti, medi e poveri), fra le diverse zone del territorio (nord, centro, sud), fra i diversi settori dell'economia (primario, secondario, terziario), tra i diversi compensi dei fattori produttivi (salari, profitti, interessi, rendite). Gli strumenti sono le entrate pubbliche, che prelevano risorse dai ceti più forti economicamente e le spese pubbliche che erogano risorse verso i ceti sociali, le aree o i settori economici più deboli.
La **politica fiscale** e la **politica monetaria** sono messe a confronto dagli studiosi per valutare quali siano gli strumenti più efficaci per gli interventi di politica economica. La politica fiscale utilizza i seguenti strumenti: la spesa pubblica, le entrate pubbliche, il coordinamento delle entrate e delle spese attraverso il bilancio, e le imprese pubbliche attraverso le quali lo Stato esercita attività produttive offrendo beni e servizi destinati alla vendita.
La **politica monetaria** è costituita dall'insieme delle misure adottate dalla Banca centrale per regolare l'offerta di moneta. Aumentando o diminuendo l'offerta di moneta si modifica sostanzialmente la capacità delle famiglie e delle imprese di consumare e di investire. Gli strumenti consistono nell'incrementare o ridurre il flusso di moneta attraverso variazioni dei tassi di interesse. La politica monetaria è più rapida di quella fiscale perché viene attuata in tempi brevi mentre quella fiscale necessita di adeguate programmazioni che avvengono mediante procedure legislative e amministrative lunghe e complesse. Le manovre monetarie inoltre sono meno soggette a valutazioni politiche e più a valutazioni tecniche. Tuttavia nel lungo periodo è meno efficace di quella fiscale perché meno adatta a obiettivi di lungo termine come lo sviluppo o la redistribuzione del reddito. Da quando si è adottata la moneta unica, gli Stati europei hanno rinunciato a gestire una propria politica monetaria perché questa viene svolta dal Sistema Europeo delle Banche Centrali (SEBC) costituito dalla BCE e dalle Banche Centrali Nazionali.

La **spesa pubblica**, sotto il profilo finanziario, è erogazione di somme di denaro pubblico; il fabbisogno finanziario è la quantità di moneta che è necessaria alla pubblica amministrazione per realizzare tutti gli interventi previsti in un certo periodo. Sotto il profilo economico, in senso più ampio, è impiego di risorse che in un determinato periodo sono gestite dal settore pubblico per produrre beni e servizi o per sovvenzionare famiglie e imprese. La pressione della spesa pubblica sul sistema economico nazionale è misurata dal rapporto **S/PIL**. Nell'ultimo secolo si è riscontrato un incremento della spesa pubblica in tutti i Paesi, incremento sia **nominale**, perché dipendente dall'aumento del tasso di inflazione, sia **reale**, in quanto lo Stato ha esteso la propria attività a nuovi campi d'intervento o comunque ha intensificato i propri interventi. Le finalità dello Stato, infatti, non sono solo *istituzionali* (difesa dagli attacchi esterni, ordine pubblico interno, prevenzione e repressione dei reati, cura delle relazioni internazionali), ma anche *sociali* (assicurare il benessere materiale e sociale della collettività, attraverso interventi nel campo della sanità, assistenza, previdenza, cultura, interventi di cui prima non si curava lo Stato) ed *economici* (incrementare le risorse, correggere gli squilibri di mercato, ridistribuire le risorse). Ciò è avvenuto in parte a causa dello sviluppo industriale degli Stati, in parte all'evoluzione democratica (aumentando l'elettorato crescono le istanze provenienti dalla società civile).

La **classificazione delle spese pubbliche** può essere operata in base a vari criteri:

a. **economici:**

- spese per beni e servizi (*spese prezzo*) con cui la P. A. acquista risorse per produrre beni e servizi utili per la collettività

- opere pubbliche, organizzazione della burocrazia, servizi come istruzione, sanità, trasporti. Questo tipo di spese presuppone una controprestazione nei confronti della P. A, (lavoro, beni strumentali, fattori produttivi).

- trasferimenti (*spese-sussidio*) con cui la P. A. eroga delle somme a favore di determinate categorie di soggetti senza ricevere in cambio alcuna prestazione attuando una redistribuzione della ricchezza a favore di famiglie (pensioni, indennità), imprese (contributi, sovvenzioni) enti pubblici (enti locali, enti territoriali);
- spese correnti sostenute per assicurare il normale funzionamento di istituzioni e servizi (stipendi, pensioni, ordinaria amministrazione);
- spese in conto capitale consistenti in investimenti che mirano ad aumentare le risorse produttive del Paese (infrastrutture, ricerca, impianti, capitali per aziende).

b. giuridico-amministrativi:

- *spese di governo*, per il funzionamento degli organi pubblici;
- *spese d'esercizio*, per l'accertamento e la riscossione delle entrate;
- *spese obbligatorie*, perché vincolate da disposizioni di legge;
- *spese discrezionali*, perché riservate ad autonome scelte di opportunità della P. A.;
- *spese ordinarie*, che ricorrono con regolarità e soddisfano bisogni collettivi;
- *spese straordinarie*, che ricorrono una tantum in quanto fronteggiano necessità di carattere straordinario (una guerra o una calamità naturale).

La **gestione amministrativa della spesa** è effettuata dagli organi della P. A. secondo il **principio di legalità** cioè nel rispetto delle leggi ed entro i limiti delle somme stanziate nel bilancio di previsione. Sono illegittime le spese erogate ma non previste da stanziamenti previsti in specifici atti giuridici (leggi, contratti, provvedimenti amministrativi). L'erogazione delle spese avviene attraverso un procedimento amministrativo che si articola in quattro fasi:

1. **l'impegno**, atto con cui l'organo competente destina una somma di denaro ad una determinata operazione di spesa, ciò significa che tale somma resta vincolata e non può essere destinata ad operazioni diverse;
2. la **liquidazione**, attività mediante cui viene determinato il preciso ammontare della somma da spendere (non deve eccedere la somma impegnata);
3. **l'ordine di pagamento**, atto con cui la P. A. ordina l'esecuzione del pagamento e la somma diviene esigibile;
4. il **pagamento**, la corresponsione da parte della tesoreria della somma dovuta.

La struttura della spesa pubblica in Italia è caratterizzata da una forte incidenza delle spese correnti (soprattutto trasferimenti, stipendi e pagamento degli interessi sui titolo del debito pubblico) e meno di quelle in conto capitale (investimenti, ricerca, infrastrutture e contributi alle aziende).

Gli effetti economici della spesa pubblica determinano un'espansione o una contrazione della domanda globale (consumi, investimenti, esportazioni, spesa pubblica). La spesa pubblica è, infatti, un importante strumento che lo Stato possiede per le sue politiche economiche: la manovra della spesa viene attuata a seconda degli obiettivi da raggiungere e cioè se l'obiettivo è quello di *favorire lo sviluppo* del Paese la spesa pubblica verrà manovrata in modo tale da incentivare la formazione dei fattori produttivi attraverso investimenti e spese in conto capitale (infrastrutture, ricerca scientifica, trasferimenti per favorire nuove tecnologie). Se l'obiettivo è la *redistribuzione delle risorse*, si

utilizzeranno i trasferimenti a favore di famiglie (pensioni, indennità, sussidi) o a favore delle imprese (contributi) o degli enti locali per redistribuire a livello territoriale. Secondo Keynes la politica della spesa pubblica ha effetti sulla *stabilizzazione del sistema* economico, perché nei momenti di crisi, dovuti secondo lui ad una carenza della domanda globale si rende necessario aumentare la spesa pubblica in modo da incrementare la domanda di consumi e investimenti e stimolare la ripresa dell'occupazione e della produzione. Tale aspetto risulta ancor più evidente se si considera la teoria keynesiana del moltiplicatore secondo la quale l'incremento effettivo del reddito è di volta in volta maggiore quanto più elevata è la propensione ai consumi delle famiglie. La teoria keynesiana è stata molto criticata dai monetaristi e neoliberisti che hanno sostenuto che gli effetti descritti da Keynes non sono così automatici come la sua teoria lascia credere e che invece certe volte un aumento della spesa pubblica invece che favorire produzione ed occupazione può incrementare l'inflazione (non è detto che ci siano risorse lavorative inutilizzate), favorire le importazioni (l'aumentata domanda si rivolge verso beni prodotti all'estero) o distogliere risorse lavorative dal settore privato (se tutte la manodopera inutilizzata viene assorbita dal settore pubblico dell'economia).
La **gestione della spesa** deve essere condotta con criteri di efficienza economica; ciò avviene mediante l'analisi costi benefici che consiste nell'evidenziare, valutare e confrontare tutti gli aspetti positivi e negativi che un progetto può avere per la collettività.
La **spesa per la protezione sociale** consiste in tutta quella serie di interventi finanziari diretti a garantire ai cittadini condizioni di vita dignitose e a proteggerli dai rischi futuri.
Due sono i tipi di interventi:

1. **assistenza**, che consiste nel soddisfare gratuitamente i bisogni materiali e morali dell'assistito (cure mediche, istruzione,assistenza agli anziani e all'infanzia); viene attivata o attraverso la prestazione di servizi o attraverso trasferimento di somme di denaro.
2. **previdenza**, che consiste nell'accantonare quote di reddito presente per fronteggiare rischi derivanti da eventi futuri e prevedibili (morte, vecchiaia) o imprevedibili (infortuni).

La differenza tra i due tipi di intervento consiste nel fatto che l'assistenza provvede a situazioni di bisogno attuali mentre la previdenza soddisfa bisogni futuri; inoltre l'assistenza ha carattere di erogazione e non comporta oneri per l'assistito per cui viene finanziata attraverso il trasferimento di fondi dal bilancio statale o da quello degli enti locali, mentre la previdenza ha una funzione assicurativa che si espleta attraverso il versamento di contributi da parte delle categorie interessate. Tuttavia la differenza non è così netta: in certi casi i contributi sono posti esclusivamente a carico dello Stato (fiscalizzazione degli oneri sociali), per motivi sociali (persone non in grado di versare contributi, settori caratterizzati da bassi livelli di reddito in cui si alleggeriscono gli oneri a carico dei datori di lavoro). Normalmente i contributi gravano sul datore di lavoro e, in misura minore, sul lavoratore dipendente (quelli per i lavoratori autonomi sono a loro carico). I contributi raccolti vengono gestiti dagli enti previdenziali secondo il metodo della **ripartizione**: i contributi raccolti nell'anno finanziano le prestazioni dell'anno stesso. Negli ultimi anni la spesa per la protezione sociale ha assunto dimensioni imponenti è ciò ha comportato la gravissima problematica di un disavanzo cronico degli enti che gestiscono i sistemi di protezione sociale con la conseguenza che lo stato ha dovuto provvedere a sanarlo con trasferimenti di fondi. Oggi si tende dunque a ridimensionare e razionalizzare l'intervento pubblico limitando le prestazioni,

affidandole a organizzazioni private e a forme integrative di previdenza.
La protezione sociale è garantita dagli artt. 2, 3, 31, 32 e 38 della Costituzione.
La spesa per la Sanità è gestita dal **Servizio Sanitario Nazionale** basato sul sistema delle **ASL** che assiste tutti coloro che risiedono sul territorio dello Stato in condizioni di uguaglianza. Altre forme di assistenza sociale sono: l'assistenza agli anziani, alla maternità, ai cittadini a basso reddito. Poi ci sono forme miste di assistenza e previdenza come le indennità per la disoccupazione involontaria, l'indennità di maternità, l'integrazione salariale.
Gli enti previdenziali sono:
1. INAIL;
2. INPS.
Il primo gestisce le assicurazioni obbligatorie contro gli infortuni e le malattie professionali. Gli altri due enti erogano le pensioni di vecchiaia e le pensioni ai superstiti.

Unità 4. La politica delle entrate

Le **entrate pubbliche** si identificano con il complesso di risorse prelevate dallo Stato ed hanno una duplice funzione: sono, al tempo stesso, mezzo di finanziamento e strumento di politica economica. Infatti, nel momento in cui lo Stato attinge ad una o ad un'altra fonte di entrata, stabilisce di porre l'onere della finanza pubblica a carico di determinate categorie di cittadini e di sottrarre risorse a certi settori piuttosto che ad altri.
I **criteri di classificazione** delle entrate, possono essere diversi. Sotto il profilo dell'*incidenza economica* distinguiamo:
1. **entrate correnti** – tributi e rendite di beni statali;

2. in **conto capitale** – alienazione di beni patrimoniali o proventi di imprese pubbliche;
3. **accensione di prestiti** – vendita di titoli del debito pubblico.

Sotto il profilo della *fonte* da cui provengono distinguiamo:

1. **entrate originarie** – quando provengono da beni appartenenti allo Stato, o a titolo di proprietà privata, oppure dall'esercizio di imprese pubbliche e prendono il nome di prezzi. I *prezzi* sono, dunque, entrate di natura non tributaria e si distinguono in:
   - *prezzi privati*, sono i proventi che lo Stato o gli enti pubblici ricavano da prestazioni di servizi effettuate secondo i comuni meccanismi della domanda e dell'offerta seguendo un regime di diritto privato
   - *prezzi quasi privati*, si formano sul mercato ma sono in parte influenzate dall'interesse pubblico (vendita del legname ricavato nelle foreste demaniali).;
   - *prezzi pubblici*, sono praticati dalle pubbliche imprese che producono servizi di pubblica utilità, in un regime di monopolio sociale, realizzando l'uguaglianza tra costi di produzione e ricavi e non il massimo profitto (ferrovie, poste, telecomunicazioni, energia attualmente in via di privatizzazione);
   - *prezzi politici*, sono inferiore ai costi di produzione data la particolare utilità sociale di certi servizi (il disavanzo è coperto dalla finanza pubblica);

2. **entrate derivate** – quando provengono dalle famiglie e dalle imprese, cioè dai privati. Possono avere carattere coattivo (tributi, sanzioni pecuniarie ovvero multe) o non coattivo (prestiti).

I **tributi** sono prelievi coattivi da parte dello Stato a carico dei privati secondo i criteri stabiliti dalla legge.
Si distinguono in:

1. **tasse** – sono tributi prelevati a coloro che fanno domanda di un servizio divisibile o speciale. La tassa copre solo una parte del costo del servizio, il resto viene pagato dalla collettività attraverso le imposte. Quanto maggiore è l'utilità del servizio, minore sarà l'ammontare delle tasse (ad es. tasse scolastiche);
   - le *tasse amministrative* servono ad ottenere il riconoscimento di un diritto
   - le *tasse giudiziarie* sono dovute per l'esercizio delle attività giudiziarie (civili, amministrative, non penali in quanto a carico della collettività)
   - le *tasse industriali* sono dovute da chi richiede la verifica di determinati prodotti;

2. **imposte** - è un prelevamento coattivo di ricchezza destinato a coprire il costo complessivo dei servizi indivisibili o generali. L'imposta è a carico di chiunque si trovi nelle situazioni previste dalla legge tributaria senza che abbia fatto domanda di alcun servizio (IRPEF, IRE, IVA);

3. **contributi** – prelevamenti coattivi di ricchezza ai quali vengono assoggettate determinate persone che si avvantaggiano in modo particolare di un'opera o di un servizio di pubblica utilità (contributi sociali, contributi per opere di urbanizzazione). Come la tassa dà un vantaggio individuale, come l'imposta è un prelievo obbligatorio.

La **pressione tributaria** rappresenta l'incidenza del peso del prelievo sulla ricchezza del paese, e si misura con il rapporto tra l'ammontare dei tributi ed il prodotto interno lordo (**P = T/PIL**).

Assieme al rapporto **S/PIL** misura l'entità dell'intervento dello Stato nell'economia. Il fatto che il secondo valore numerico sia annualmente superiore al primo, indica che la spesa pubblica è coperta solo in parte dal prelievo tributario e per il resto è finanziata da altre entrate come quelle originarie e i prestiti pubblici.

La **struttura delle entrate pubbliche** in Italia, mostra che le entrate tributarie costituiscono la principale fonte di finanziamento della spesa; seguono i prestiti pubblici ed, in misura meno rilevante, le entrate originarie.

I **principi del prelievo fiscale** si basano sul presupposto secondo cui nessuna prestazione può essere imposta se non in base alla legge, e spetta agli organi amministrativi il potere di applicare in concreto i tributi previsti dalla legge. L'obbligazione tributaria, infatti, è il rapporto giuridico che intercorre tra il contribuente e l'ente impositore, quindi il primo ha il dovere di pagare l'imposta dovuta, ed il secondo ha il diritto di pretendere l'adempimento anche in via coattiva. Il presupposto dell'imposta è l'atto od il fatto al verificarsi del quale la legge ricollega l'applicabilità del prelievo (presupposto dell'IRPEF è il possesso di reddito, dell'ICI è il possesso di un immobile ecc. ecc.). Elementi dell'obbligazione tributaria sono:

1. il **soggetto attivo** – che è la P. A. cui compete il potere di applicare l'imposta (soggetto atti dell' IRPEF è l'agenzia delle entrate, dell' ICI il comune);
2. il soggetto passivo – che è la persona fisica o l'ente cui grava l'obbligo di pagare il tributo (contribuente);
3. **oggetto** – che è la ricchezza sui cui si applica il prelievo (oggetto dell'IRPEF è il reddito del contribuente, dell'ICI l'immobile posseduto);
4. la **base imponibile** – che è l'oggetto espresso in moneta (base imponibile dell'IRPEF è il valore monetario del reddito, dell'ICI valore monetario dell'immobile);

5. **l'aliquota** – che è il rapporto tra l'ammontare dell'imposta e l'ammontare dell'imponibile. Si esprime in percentuale.

Il prelievo fiscale può assumere forme e caratteri differenti:
1. **imposte dirette** – sono quelle che colpiscono le manifestazioni immediate della capacità contributiva, cioè il reddito percepito ed il patrimonio posseduto dal contribuente. Le imposte sul reddito hanno come oggetto il flusso di ricchezza relativo ad un certo periodo di tempo, dedotte le spese per il suo conseguimento (IRPEF, IRES), mentre quelle sul patrimonio colpiscono il patrimonio del contribuente o alcuni dei suoi beni (ICI);
2. **imposte indirette** – sono quelle che colpiscono la ricchezza quando viene consumata o trasferita, cioè le imposte indirette sui consumi colpiscono il reddito quando viene speso (IVA), mentre quelle sui trasferimenti colpiscono il patrimonio nel momento in cui esso viene trasmesso da un soggetto ad un altro (imposta di registro, bollo, tassa di successione);
3. **imposte reali** – sono quelle che colpiscono determinati beni o attività a prescindere dalla condizione del contribuente (ICI);
4. **imposte personali** – sono quelle che colpiscono la ricchezza del contribuente, tenendo conto delle condizioni personali ed economiche in cui si trova (IRPEF);
5. **imposte proporzionali** – quando il loro ammontare aumenta in proporzione all'aumentare dell'imponibile, per cui l'aliquota è costante (chi ha 1. 000 paga 100; chi ha 2. 000 paga 200; chi ha 10. 000 paga 1. 000. L'aliquota è sempre del 10%);
6. **imposte progressive** – quando il loro ammontare aumenta in misura più che proporzionale rispetto all'aumentare dell'imponibile e, perciò, l'aliquota è crescente (chi ha 1. 000

paga 100 – aliquota al 10%; chi ha 2. 000 paga 400 – aliquota al 20%; chi ha 10. 000 paga 5. 000 – aliquota al 50%);

7. **imposte regressive** – quando il loro ammontare aumenta in misura meno che proporzionale all'aumentare dell'imponibile e, perciò, l'aliquota è decrescente (sarebbe palesemente ingiusto, per cui sui redditi non esistono).

Il **Sistema Tributario** è il complesso organico dei tributi vigenti in uno Stato, in un determinato momento storico e dovrebbe corrispondere ai principi fondamentali di Adam Smith, cioè dovrebbe essere *equo*, *semplice* e *chiaro*, *comodo* ed *economico*.
L'equità tributaria ha come fondamento i principi costituzionali di *uguaglianza* e *solidarietà*, e si esprime nei due concetti di *universalità* e *uniformità* dell'imposizione.
L'universalità dell'imposizione, comporta che tutti coloro che hanno capacità contributiva, sono tenuti a sostenere il carico dei tributi. Le esenzioni sono giustificate se correggono squilibri economici o situazioni di disuguaglianza;
L'uniformità dell'imposizione comporta che il carico tributario sia uniformemente distribuito.

La nostra Costituzione accoglie il principio della capacità contributiva contenuto nell'art. 53. Questo principio sostiene che le imposte vanno pagate in base alla capacità economica di ogni contribuente. Ciò comporta che chi non ha reddito va esentato, chi possiede un maggiore reddito deve contribuire in misura maggiore e che bisogna anche distinguere la fonte del reddito in quanto, in base a questa teoria, che è quella maggiormente accolta e utilizzata nei sistemi economici, i redditi da lavoro denotano minore capacità contributiva rispetto a quelli di capitale che comportano minore dispendio di energia (discriminazione qualitativa).

Il confronto tra i vari tipi di imposta sotto il profilo dell'equità, fa ritenere più giuste le imposte dirette, personali e progressive.
Il **comportamento del contribuente** di fronte all'applicazione dell'imposta, è basato su due tipi di reazione: cercare di sottrarsi al pagamento del tributo (evasione ed elusione) o modificare la propria attività di produzione (rimozione ed elisione) e di scambio (traslazione).
In particolare:

1. **l'evasione**, consiste nell'occultare con diversi espedienti l'esistenza dell'imponibile. È un comportamento gravemente illecito e, oltre a danneggiare il fisco, sconvolge la distribuzione del carico tributario ed altera l'equilibrio economico e le condizioni della concorrenza;
2. **l'elusione**, consiste nel compiere atti diretti ad aggirare esclusivamente le norme (sopravvalutazione dei costi per ridurre il reddito imponibile); produce gli stessi effetti dell'evasione, ma si svolge con modalità che non violano formalmente la legge;
3. la **rimozione**, consiste nell'eliminare la materia imponibile contraendo la produzione dei beni colpiti dall'imposta; il risultato è negativo sia per il fisco (diminuiscono le entrate) sia per il mercato (si contrae la produzione);
4. **l'elisione**, consiste in un incremento delle attività produttive per cui il contribuente si procura un maggior reddito per far fronte all'imposte ed, economicamente, produce l'effetto opposto della rimozione (aumento della produzione e aumento delle entrate fiscali);
5. la **traslazione**, consiste nel riversamento da parte del contribuente dell'onere dell'imposta su altro soggetto, che ne sopporta effettivamente il peso attraverso una modificazione del prezzo, del bene o del servizio che è l'oggetto dell'imposta durante lo scambio (IVA).

Modulo 2. Il bilancio

Unità 1. Il bilancio: funzione e struttura

Il bilancio è uno strumento che consente di coordinare la politica della spesa e la politica delle entrate e si presenta come un piano di attività politiche ed amministrative, che ha come obiettivo quello di conseguire dei fini (politica economica della spesa) valutando i mezzi (politica economica delle entrate). È approvato con legge attraverso la quale il Parlamento autorizza il Governo a percepire le entrate ed a erogare le spese entro limiti prestabiliti; dunque "*il Governo propone ed il Parlamento acconsente*".
La prima funzione del bilancio è quella di limitare l'erogazione di denaro pubblico, determinando l'oggetto e l'importo degli stanziamenti (somme da spendere) e l'oggetto e l'ammontare delle entrate (tributi ed altre entrate) che dovranno finanziare la spesa pubblica. Volendo approfondire potremmo dire che il bilancio dello Stato ha quattro funzioni differenti:

- Politica, nel definire i programmi e gli indirizzi
- Economica, nello stabilire gli obiettivi economici (crescita, stabilizzazione, redistribuzione, ricorso e limiti all'indebitamento)
- Contabile, ai fini di una gestione matematica
- Giuridica, ogni cifra in esso contenuta deve essere prevista e giustificata dalle leggi che lo accompagnano.

I principi del bilancio.

Affinché il popolo attraverso il Parlamento possa controllare come viene gestita la finanza pubblica, il bilancio dello Stato deve corrispondere ad alcuni principi fondamentali:

1. **annualità**, le camere lo devono approvare ogni anno;
2. **universalità**, il bilancio deve comprendere tutte le entrate e tutte le spese dell'anno a cui si riferisce; il che vuol dire

che sono vietate le cosiddette "gestioni fuori bilancio", cioè le operazioni della publica amministrazione gestite al di fuori del bilancio;
3. **integrità**, le entrate e le spese devono risultare per l'intero importo (no a compensazione tra entrate e spese);
4. **unità**, le entrate devono affluire in un unico fondo, con il quale si provvede a finanziare tutte le spese;
5. **specificazione**, ciascuna voce di entrata e di spesa, deve essere indicata con precisione e cioè in modo analitico e dettagliato con il divieto di storni.
6. **veridicità**, deve apparire in modo chiaro la situazione (no ad artifici che sottovalutano la spesa o sopravalutano le entrate);
7. **pubblicità**, va portata a conoscenza dei cittadini con mezzi idonei.

Profili tecnici del bilancio.
L'attività finanziaria si svolge in maniera continuativa. Tuttavia per esigenze di ordine gestionale, viene suddivisa in periodi:
1. **l'anno finanziario**, dura 12 mesi ed è il periodo a cui si riferiscono le entrate e le spese riportate in bilancio. In Italia comincia il 1° gennaio e termina il 31 dicembre (coincide con l'anno solare). La stessa cosa avviene in tutti i paesi dell'U. E.;
2. **l'esercizio finanziario**, è l'insieme delle operazioni che consentono la gestione delle entrate e delle spese relative all'anno finanziario.

Quando le procedure di gestione non vengono completate nel corso dell'anno finanziario, restano delle operazioni in sospeso che prendono il nome di "**residui**". I "*residui attivi*" sono le entrate accertate, ma non ancora riscosse, mentre i "*residui passivi*" sono le spese impegnate ma non ancora pagate.

Classificazione del bilancio.
Rispetto all'anno finanziario cui si riferisce, il bilancio si distingue in:

1. **preventivo** (o bilancio di previsione), il più importante perché è uno strumento di autorizzazione e di programmazione che fa riferimento all'anno che deve iniziare, del quale deve prevedere entrate e spese;
2. **consuntivo** (o rendiconto), è uno strumento di verifica che espone i risultati dell'anno in corso, del quale accerta se la gestione finanziaria e amministrativa è stata svolta regolarmente e se gli obiettivi sono stati raggiunti. Se ciò non è avvenuto, individua le responsabilità politiche.

Rispetto al contenuto il bilancio può essere:

1. **di competenza**, riguarda entrate accertate e spese impegnate nell'ambito di un esercizio finanziario a prescindere dalle riscossioni ed i pagamenti che si possono verificare nello stesso anno finanziario od in anni successivi;
2. **di cassa** entrate e spese che entrano nel corso dell'anno finanziario in riscossione a pagamento, a prescindere dall'epoca del rispettivo accertamento o impegno (entrate accertate e spese impegnate in anni precedenti ma non ancora riscosse e pagate).

In Italia il bilancio annuale di previsione, è redatto in termini di competenza e di cassa. Lo stesso vale per il rendiconto.
Rispetto al periodo di contabilizzazione, il bilancio può essere annuale, che deve prevedere misure di breve periodo, pluriennale, come strumento di programmazione a medio termine (circa 3 anni) ed è elaborato sia in termini di competenza che di cassa.

Struttura del bilancio e classificazione delle entrate.
Le entrate e le spese del bilancio statale, vengono classificate secondo criteri stabiliti dalla legge. La normativa in questione nel corso del tempo ha subito numerose modifiche fino all'attuale legge n. 196/2009 con la quale si intende dare sempre più risalto ai centri di responsabilità e cioè a chi gestisce le risorse e con quali finalità allo scopo di rendere sempre più trasparenti le decisioni di spesa. Le entrate si ripartiscono in:

1. **titoli**, ovvero la fonte da cui derivano le entrate e sono:
   a) **entrate tributarie** (tasse ed imposte, contributi e tributi speciali).
   b) **entrate extra-tributarie** (rendite beni dello Stato, profitti di aziende statali, utili di partecipazioni azionarie, proventi derivanti dalla repressione di illeciti come le multe);
   c) **entrate per la vendita di beni patrimoniali o per la riscossione di crediti concessi dallo Stato ad altri enti**.
   d) **entrate per accensione di prestiti** (titoli del debito pubblico, BOT e CCT).

"a" e "b" sono entrate correnti, "c" e "d" ricchezza precedentemente accumulata.

2. **tipologie** (es. IRPEF, IRES, IVA);
3. **categorie** (sul patrimonio, sul reddito, sulle rendite).

Struttura del bilancio e classificazione delle spese.
Le spese in base alla nuova normativa sono ripartite in **missioni**, **programmi** e **capitoli**.
Le **missioni** esprimono gli obiettivi strategici di spesa pubblica con finalità di lungo periodo come, per esempio, ordine pubblico difesa, energia, ricerca, politiche familiari, politiche per il lavoro ecc. Sono attribuite a più ministeri.

I programmi sono aree di attività ma con contenuti molto più dettagliati che vengono sottoposti al voto parlamentare (per esempio missione istruzione programma spese per universazione e formazione post-universitaria).
Le azioni descrivono con precisione le assegnazioni delle risorse destinate ai programmi.
Le risorse che vengono assegnate a ciascun programma sono distinte in:

1. **spese correnti** con cinque macro-aggregati (es. funzionamento uffici, pensioni, interventi spese per gli interessi del debito pubblico, altri oneri);
2. **spese per gli investimenti** con due macro-aggregati (es. investimenti e spese per la concessione di crediti);
3. **spese per il rimborso dei prestiti** con un macro-aggregato (rimborsi per i titolari di BOT in scadenza).

Risultati differenziali o saldi di finanza pubblica.
Costituiscono la somma algebrica tra le entrate e le uscite. Esse vengono aggregate in base a quattro risultati differenziali:

1. differenza tra entrate tributarie ed extra-tributarie ed il totale delle spese correnti (questo saldo, se positivo, rappresenta il **risparmio pubblico** da destinare alle spese in conto capitale; se negativo, indica che la spesa corrente non è coperta dalle entrate correnti);
2. differenza tra il totale dei primi tre titoli di entrate (tributarie, extra-tributarie e patrimoniali) ed il totale delle prime due unità di spesa (unità di spesa corrente ed unità di spesa in conto capitale). Il risultato rappresenta il **saldo netto da finanziare** o **fabbisogno finanziario**. Vengono confrontate le entrate ottenute senza ricorrere all'indebitamento e le spese destinate al soddisfacimento dei bisogni pubblici (esclusi i rimborsi dei prestiti);

3. differenza tra entrate finali e spese finali con l'esclusione di tutte le operazioni di finanziamento (rimborsi di prestiti e riscossioni di crediti) e le operazioni che riguardano enti diversi dallo Stato; questo saldo viene definito **indebitamento netto**;
4. differenza tra il totale di tutte le spese ed il totale di tutte le entrate: questo risultato differenziale rappresenta il disavanzo di bilancio e viene coperto attraverso il **ricorso al mercato** del risparmio (titoli del debito pubblico).

La situazione italiana.
Negli anni '70 il deficit era dovuto alla spesa per gli investimenti. Negli anni '80 e '90 cominciarono a registrarsi disavanzi di parte corrente (consumi pubblici, stipendi, pensioni, oneri sociali) continui e crescenti, per far fronte ai quali non erano sufficienti le entrate tributarie ed extra- tributarie (imposte e rendite statali), ma bisognava ricorrere alla contrazione di prestiti. Più cresceva il disavanzo, più aumentava la spesa per gli interessi maturati sui debiti (BOT e CCT). Tutto ciò incideva negativamente sull'andamento economico che il risanamento dei conti pubblici è diventato un obiettivo prioritario. Gli accordi di Maastricht, istitutivi dell'Unione Europea, obbligano i paesi aderenti al rispetto dei parametri (criteri di convergenza). Questi ultimi prevedono che il deficit dello Stato non debba superare il 3% e che il rapporto tra debito pubblico e PIL non debba superare il 60%. Dal momento che la spesa per l'interesse è ineliminabile, bisogna ridurre il debito agendo sul saldo primario (saldo tra entrate e spesa al netto degli interessi). Fino al 1991 tale saldo era negativo; a partire dal 1992 è diventato positivo. Nel 1998 c'è stato il primo avanzo di bilancio che è continuato fino al 2002. Dall'anno successivo il saldo di parte corrente è tornato in disavanzo e l'Unione Europea ha richiesto l'adozione di idonee misure di risanamento che devono tendere a ridurre le spese correnti ed incrementare i

tributi senza deprimere la crescita economica e, quindi, attraverso la lotta all'evasione ed il riordino del sistema previdenziale e di esenzione. Il processo di risanamento è stato avviato nel 2006 e nel 2007 il rapporto deficit PIL è stato ricondotto all'1,9 (parametri di Maastricht 3% sul PIL). Il rapporto debito pubblico/ PIL era sceso al 105%. Dal 2008 i rapporti hanno ricominciato a peggiorare, anche a causa di una grave forma di crisi economica mondiale e ad insufficienti politiche contenitive dei conti pubblici, fino alla situazione odierna (deficit 5% sul PIL, debito pubblico 125% sul PIL), per cui la BCE ha imposto al nostro paese politiche di risanamento molto dure.
Nel 2020 la crisi pandemica globale ha determinato un grave aumento del deficit, ma l'Europa ha sospeso il Patto di stabilità per consentire agli Stati di sostenere le imprese più sanzionate dalle chiusure imposte con il "lock down" attraverso una politica di erogazione di sussidi che presero il nome di ristori. Per risollevare le economie provate dagli ingenti deficit l'Unione europea ha messo in campo aiuti finanziari (da pag 104.)

Unità 2. Il bilancio e la programmazione economica

In tutti gli stati vi è l'esigenza di programmare e coordinare l'attività economica del settore pubblico, per realizzare gli obiettivi in maniera razionale con il minor costo ed il maggior beneficio per la collettività e per evitare distorsioni nell'equilibrio economico.
Il bilancio come strumento contabile da solo non basta perché va coordinato con un piano generale di interventi da parte dello Stato. Questo risultato si ottiene attraverso la "**programmazione economica**".
La programmazione si svolge in tre fasi:

1. **individuazione degli obiettivi**: è necessario individuare degli obiettivi e stabilire quali tra questi si ritengono prioritari;

2. la **scelta degli interventi**: ha lo scopo di individuare gli strumenti più idonei al conseguimento degli obiettivi;
3. la **determinazione del budget**: consiste nello stanziare le somme necessarie per finanziare gli interventi per la realizzazione del programma economico.

Per evitare conseguenze negative per la finanza pubblica è necessario programmare i **limiti all'indebitamento**. Poiché la pressione tributaria non può essere aumentata oltre certi limiti, è necessario programmare il livello massimo del fabbisogno, cioè quella parte di spesa per consumi e investimenti pubblici (spese correnti e in conto capitale) non coperta dalle entrate di bilancio (tributarie e patrimoniali) e che vanno quindi finanziate attraverso i prestiti. È necessario, inoltre, programmare il ricorso al mercato cioè l'ammontare dei prestiti ulteriori da contrarre sul mercato del risparmio per rimborsare i prestiti già contratti e giunti a scadenza.

Per assicurare **l'efficienza economica** la programmazione economica deve individuare dei centri di responsabilità che gestiscano le risorse finanziarie: ciascun dirigente è responsabile di un budget da gestire con criteri di produttività (controllo dei costi, dei risultati e dei rendimenti).
Il bilancio dello stato va poi coordinato con quello degli enti pubblici, territoriali e non, attraverso l'elaborazione di un **Conto consolidato delle pubbliche amministrazioni**. Il conto consolidato è un quadro contabile che si forma fondendo i bilanci di tutti gli enti pubblici, compresi quelli dello stato ed eliminando le partite che si compensano (spese per un ente ed entrate per un altro).
Infine il settore dei conti pubblici va coordinato con quello dei conti dell'economia nazionale. Ciò avviene attraverso il **conto economico delle risorse e degli impieghi**. Questo

documento, redatto dall'ISTAT, offre una sintesi di tutti i fenomeni economici dell'intera nazione, facendo riferimento sia all'attività dei privati, sia a quella della P. A.. Esso ha una parte attiva, costituita dalle **risorse** (PIL, complesso di beni e servizi prodotti all'interno di una nazione - importazioni di beni e servizi) e una parte passiva costituita dagli **impieghi** (consumi delle famiglie, delle istituzioni sociali private, della P. A. - investimenti, esportazioni).

Unità 3. Il bilancio dello stato italiano

I principi costituzionali.

I principi costituzionali in materia di bilancio sono fissati dall'art. 81 della Costituzione, il quale sancisce: – Lo Stato assicura *l'equilibrio tra le entrate e le spese* del proprio bilancio, tenendo conto delle fasi avverse e delle fasi favorevoli del ciclo economico. Il ricorso all'indebitamento è consentito solo al fine di considerare gli effetti del ciclo economico e, previa autorizzazione delle Camere adottata a maggioranza assoluta dei rispettivi componenti, al verificarsi di eventi eccezionali (**legge di revisione costituzionale n. 1, 27/8/2012**).

Il *controllo annuale politico-finanziario* del Parlamento sul Governo (bilanci e rendiconto presentati dal governo devono essere approvati dal parlamento);

Il *divieto di istituire nuovi tributi e nuove spese* con la legge di approvazione del bilancio perché questa ultima traduce in termini finanziari operazioni di entrata e di spesa che hanno il loro fondamento in una legge preesistente;

I *limiti entro i quali è consentito il ricorso all'esercizio provvisorio* (il periodo è di 4 mesi se il parlamento non riesce ad approvare entro l'anno solare la legge di bilancio). In questo caso il Parlamento

autorizza il Governo ad applicare provvisoriamente il bilancio in attesa dell'approvazione;
l'obbligo di indicare i mezzi di copertura di nuove o maggiori spese previste da leggi successive a quella di bilancio.

Formazione ed approvazione del bilancio
Il **bilancio dello Stato** italiano viene redatto sulla base della nuova normativa (legge 196/2009) mentre il **bilancio annuale di previsione** è redatto dalla Ragioneria Generale dello Stato sulla base dei dati forniti dai singoli Ministeri che, inoltre, devono indicare obiettivi, programmi e interventi da realizzare, con criteri di **competenza** e di **cassa**; è un prospetto finanziario predisposto dal ministro dell'economia e finanze, deliberato dal consiglio dei ministri e presentato alle camere entro il 15 ottobre per l'approvazione. Viene approvato con il procedimento della legge ordinaria e va prima in commissione bilancio. Infine, viene promulgato e pubblicato. È costituito da:

1. un unico stato di previsione dell'entrata predisposto dal ministro dell'economia;
2. distinti stati di previsione della spesa redatti da ciascun ministero, con allegati i bilanci delle amministrazioni autonome;
3. un quadro generale riassuntivo con i risultati differenziali o saldi.

Gli altri documenti di politica economica e finanziaria.
Il bilancio non basta a soddisfare le esigenze di programmazione economica, ma deve inquadrarsi in un più ampio contesto di atti legislativi e politici. Questi ultimi, stilati secondo la nuova normativa italiana (Legge di contabilità e finanza pubblica 196/2009) e dell'Unione europea che attraverso il semestre europeo prevede dei confronti e dei controlli da parte di due istituzioni europee, e cioè il Consiglio dei Ministri europeo e la Commissione europea,

servono a definire la manovra economico-finanziaria che si avvale dei seguenti provvedimenti:

1. **Documento di economia e finanza** (Def) che viene presentato dal Ministro dell'economia entro il 10 aprile con ciu il Governo indica gli obiettivi che intende realizzare in ambito economico e sociale nell'anno successivoe, in via programmatica, nei tre anni successivi. È un atto di indirizzo che può essere modificato in corso d'opera. E' diviso in tre sezioni: la prima indica obiettivi come crescita del PIL o contenimento del deficit, la seconda parametra le previsioni di entrata e di spesa alle tendenze della finanza pubblica, la terza propone uno schema sullo stato di avanzamento delle riforme. La **nota di aggiornamento al DEF** entro il 30 settembre.
2. la **Nota di aggiornamento al DEF** (**NaDef**) che viene presentato alle camere entro il 15 settembre dal Governo che contiene l'eventuale aggiornamento delle previsioni del Def sulla base delle raccomandazioni del Consiglio e della Commissione europea riguardo al Programma di stabilità (prima sezione del DEF9 e al programma nazionale di riforma (terza sezione del def). Il **disegno di legge di assestamento** entro il 30 giugno.
3. Il **disegno di legge di bilancio**, costituisce il documento principale di finanza pubblica. Il Parlamento non può approvare il bilancio senza aver approvato il disegno di legge di bilancio in quanto le previsioni di bilancio vengono adeguate ed integrate attraverso le norme di questa legge. Anch'esso viene presentata entro il 15 ottobre alle camere e predispone per il triennio a venire il livello massimo di ricorso al mercato dei titoli, le variazioni dei tributi (aliquote, detrazioni ecc), gli importi massimi di rinnovo dei contratti pubblici, le riduzioni di spesa corrente o aumenti di entrata. È formato anch'esso da due sezioni, la prima contenente gli obiettivi programmatici sul modello delle previsioni del Def, (crescita,

occupazione, deficit, inflazione) e la seconda contenente le previsioni di entrata e di spesa in termini di competenza e di cassa. Chiude la che raccorda le cifre del bilancio dello stato con quelle delle amministrazioni pubbliche. elazione tecnica.

Il DEF si compone di tre sezioni
a) Programma di stabilità per l'Italia (obiettivi programmatici, previsioni economiche e di finanza pubblica per tre anni, evoluzione economico finanziaria internazionale)
b) Analisi e tendenze della finanza pubblica (conto economico e cassa delle amministrazioni pubbliche e previsioni per il triennio successivo)
c) Programma Nazionale di Riforma –PNR (stato delle riforme, squilibri macroeconomici che incidono sulla competitività, priorità del Paese e principali riforme da attuare)

Variazioni e assestamento di bilancio.
Dopo l'approvazione del bilancio può essere necessario finanziare nuove spese nel caso in cui gli stanziamenti previsti si rivelino insufficienti. Questo per consentire un minimo di elasticità alla gestione nel caso in cui si debbano affrontare spese non previste. Gli strumenti sono:
1. **l'accantonamento di fondi** in bilancio; se questi si rivelano insufficienti, vanno approvate **nuove leggi** con cui si autorizzino variazioni al bilancio;
2. la **legge di assestamento** del bilancio che serve ad adeguare le previsioni alla reale situazione finanziaria (situazione congiunturale, consistenza dei residui attivi e passivi). Va presentata entro il 30 Giugno.

Esecuzione del bilancio e controlli.
Una volta approvato il bilancio, la sua **esecuzione è opera del governo** che gestisce le entrate e le spese in maniera conforme al

bilancio e che è soggetto a controlli. I controlli possono essere **interni** ed **esterni**. Quelli **interni** vengono esercitati da parte della stessa pubblica amministrazione attraverso gli **Uffici centrali di bilancio** per ciò che concerne la legittimità, (regolarità e legalità) e dal **Servizio interno di controllo** per quel che riguarda il merito (correttezza economica, rapporto costi/risultati). Il controllo **esterno** viene esercitato dalla **Corte dei Conti**. Il controllo esercitato dalla Corte dei Conti è di due tipi: **preventivo** e **successivo**. Il primo tipo serve essenzialmente a registrare gli atti del bilancio che sono legittimi (cioè conformi alle leggi) e regolari (cioè che le spese non superino gli stanziamenti) e avviene mediante l'apposizione di un **visto** da parte della corte. Se l'atto è irregolare e viola le leggi la Corte può o registrarlo con riserva o annullarlo. Ogni 15 giorni la Corte trasmette al Parlamento l'elenco dei decreti registrati con riserva affinché questo faccia le sue valutazioni politiche[2]. Il **controllo successivo** è anch'esso un controllo di legittimità che si esercita però sul **Rendiconto generale dello Stato** che è un documento presentato dal governo al termine della gestione. La Corte verifica la conformità del Rendiconto alla legge di bilancio e delibera la *parificazione*. In questo modo al controllo del Parlamento sul bilancio si aggiunge quello della Corte dei Conti.

Il servizio di cassa.

Il servizio di cassa è svolto dalle **tesorerie** centrale e provinciali ed è gestito dalla **Banca d'Italia**. Il suo compito è quello di provvedere agli incassi e ai pagamenti che dipendono dalla gestione del bilancio. Dal momento che però in cassa non sono presenti le somme necessarie vi è anche una gestione extra-bilancio che comprende le operazioni di credito e da cui ha origine la formazione del debito fluttuante. Queste operazioni sono:

1. la gestione dei BOT;

2 Vi sono atti che non possono essere registrati con riserva.

2. l'emissione di biglietti di Stato e di moneta metallica;
3. l'accensione di prestiti.

I bilanci delle regioni e degli enti locali.
Gli enti territoriali provvedono in maniera autonoma ad organizzare il proprio sistema contabile. I loro bilanci però devono essere **armonizzati** con quelli dello Stato che stabilisce anche gli **strumenti di programmazione di bilancio** e i **criteri per la classificazione di spese e entrate** per consentire la formazione di un **conto consolidato** in base a dati omogenei. Il sistema di norme che prevede l'armonizzazione dei bilanci degli enti locali deve oggi essere riformato in base alle principi indicati nelle legge sul federalismo fiscale.

Unità 4. Il debito pubblico

Per **debito pubblico** si intende il debito dello Stato nei confronti di altri soggetti, individui, imprese o banche, che hanno sottoscritto obbligazioni (quali, in Italia, BOT e CCT) destinate a coprire il fabbisogno finanziario statale ovvero coprire l'eventuale deficit pubblico.
Dunque, quando le entrate di bilancio non sono sufficienti a coprire l'intero ammontare della spesa pubblica, il pareggio finanziario viene ottenuto mediante l'accensione di prestiti sul mercato del risparmio. Questo sistema, che in passato aveva carattere straordinario, ha assunto in tempi recenti dimensioni macroscopiche (Italia,Grecia, Belgio, Portogallo) o comunque, ha assunto carattere permanente in tutti gli Stati. Sotto un profilo meramente tecnico, i titoli del debito pubblico sono costituiti da obbligazioni. Le obbligazioni sono **titoli di debito** emessi da **società** o **enti pubblici** che attribuiscono ai suoi possessori il diritto al rimborso del capitale prestato all'emittente più un interesse su

tale somma. Di solito il rimborso del capitale al possessore del titolo di debito da parte dell'emittente avviene alla scadenza al valore nominale e in un'unica soluzione, mentre gli interessi sono liquidati periodicamente (trimestralmente, semestralmente o annualmente). Il rapporto tra il debito pubblico ed il **Prodotto Interno Lordo** (PIL) costituisce un importante indice della solidità finanziaria ed economica di uno Stato (come nel caso del **Patto di stabilità e crescita** vigente nell' **Unione Europea**).

I prestiti pubblici si possono classificare secondo vari profili:

1. **forzosi o volontari**: attualmente vige solo la forma volontaria;
2. **interni ed esteri**: è interno quando lo Stato si rivolge solo ai residenti nel paese, è estero quando è richiesto ai capitalisti stranieri;
3. **a interesse**, **a premio**, **misti**: con il prestito a interesse, attualmente più diffuso, lo Stato assume l'obbligo di corrispondere un determinato interesse al tasso corrente;
4. **fluttuante**, **redimibile**, **irredimibile**: il **debito fluttuante** comprende quei prestiti che vengono emessi per far fronte a momentanee deficienze di cassa (Bot). Questi buoni sono emessi con scadenze brevi, non superiori a 12 mesi. Il **debito redimibile** comprende tutti quei prestiti a media e lunga durata destinati alla copertura dei disavanzi di bilancio (Btp e Cct) con cui lo Stato si obbliga a rimborsare il pagamento del capitale e degli interessi nelle forme ed epoche stabilite; il titolo emesso per finanziare il debito redimibile è l'*obbligazione irredimibile*, quando lo Stato non assume ad una data fissa l'obbligo di restituzione, ma si riserva comunque di farlo successivamente, e garantisce solo il puntuale pagamento degli interessi, che finiscono col costituire una *rendita*.

I prestiti pubblici possono essere emessi *alla pari* o *sotto la pari*: nel primo caso lo Stato si riconosce debitore di una somma uguale

a quella che ha ricevuto (il saggio d'interesse è uguale a quello corrente); nel secondo lo Stato restituisce una somma superiore (il saggio d'interesse è però inferiore a quello corrente).
I sistemi per l'emissione dei titoli sono tre:
a. **emissione diretta** (in borsa o per pubblica sottoscrizione);
b. **emissione indiretta** (attraverso le banche);
c. **emissione mista**.

Rimborso dei prestiti.
Il rimborso dei prestiti avviene in tre modi:
- **a scadenza fissa**: lo Stato dovrebbe rimborsare l'intero capitale; se non ha i fondi necessari emette un nuovo prestito;
- **prestiti rimborsabili gradatamente**: lo Stato si impegna a pagare per ciascun titolo una cifra fissa comprensiva dell'interesse e di una quota capitale per un determinato numero di anni;
- **prestiti a cartelle ammortizzabili**: lo stato rimborsa estraendo a sorte un limitato numero di creditori.

La conversione dei prestiti pubblici.
Consiste nella modificazione delle condizioni stabilite al momento dell'emissione del prestito. Lo scopo della conversione è quello di alleggerire l'onere del prestito. Può essere di tre specie:
- **forzosa**: quando la riduzione del saggio d'interesse è attuata dallo Stato senza il consenso dei creditori;
- **mascherata**: quando pur restando formalmente immutate le condizioni del prestito sostanzialmente si verifica una riduzione del tasso di interesse (se vengono applicate imposte sugli interessi del debito pubblico o automaticamente per effetto della svalutazione);
- **facoltativa**: quando lo Stato pone ai creditori un'alternativa, o il rimborso del prestito al valore nominale o la

sua conversione alle nuove condizioni (l'obiettivo è quello di ottenere che la maggior parte dei creditori non chieda il rimborso).

La qualità (solvibilità) dell'emittente viene espressa mediante una misura globalmente riconosciuta: il *rating*. Il rating esprime la classificazione della qualità degli emittenti di un titolo obbligazionario secondo determinati criteri che spaziano dalla solidità finanziaria alla potenzialità dell'emittente. Esistono istituti che propongono differenti notazioni concernenti la qualità dei debitori, tra i più noti vi sono *Standard & Poor's*, *Moody's* e *Fitch*. Tali aziende di rating eseguono un costante monitoraggio delle società emittenti.
Concretamente il *rating* è una sorta di punteggio ponderato che gli istituti attribuiscono ai differenti emittenti. Le obbligazioni con *rating* AAA esprimono il più alto grado di qualità dell'emittente. *Bond* con *rating* inferiori ingloberanno, nella loro quotazione, una riduzione del corso derivante dall'inferiore qualità dell'emittente. Ovviamente, maggiore è il rischio che le obbligazioni di una data società rappresentano, minore sarà il voto e più alta la remunerazione spettante all'investitore.

Unità 5. Le imprese pubbliche

L'intervento dello Stato nell'economia può essere attuato oltre che con gli strumenti tipici del settore pubblico, (prelievo fiscale, erogazione di servizi) anche attraverso meccanismi propri di mercato e cioè attraverso l'esercizio di imprese che producono beni e servizi destinati alla vendita gestite direttamente dallo *Stato* o da un *ente pubblico*, o da *privati concessionari* o da *S. p. A. a partecipazione pubblica*.

Questo strumento di intervento è stato molto usato in passato sia in Italia che in Europa, mentre ultimamente si assiste ad una inversione di tendenza che ha dato luogo ad un ampio programma di privatizzazioni.

1. **L'azienda autonoma** è un'impresa che appartiene all'amministrazione dello Stato o degli Enti locali. Non è un soggetto giuridico a se stante ma è dotata di una propria autonomia, sia contabile sia amministrativa. Ha un proprio bilancio e ampi poteri di gestione esercitati da un direttore generale. In passato era utilizzata per produrre beni e servizi in regime di monopolio (poste, ferrovie, trasporti, energia ecc.);
2. Gli **enti pubblici economici** sono enti distinti dallo Stato con una propria personalità giuridica, perciò è maggiore l'autonomia d'azione rispetto alla azienda autonoma anche se l'ente è soggetto alla vigilanza del ministro competente per materia e gli organi di vertice sono nominati dai ministeri; ha come oggetto l'esercizio di attività imprenditoriali.
3. **L'esercizio in concessione** si ha quando l'impresa, pur continuando ad appartenere allo Stato, è esercitata da un privato in base ad un provvedimento di concessione (il concessionario corrisponde allo Stato un canone).

La **società per azioni** (S. p. A.) a partecipazione pubblica, è una società di capitali organizzata secondo le norme di diritto privato: il pacchetto azionario che garantisce il controllo in assemblea è posseduto dallo Stato (o da un altro ente pubblico). Dunque, l'impresa è pubblica nel senso che una buona quota del suo capitale è in mano pubblica, e che è indirizzata verso obiettivi di pubblico interesse.
La giustificazione economica della pubblica impresa è stata inizialmente quella di evitare la formazione di monopoli privati nei settori di pubblica utilità e di evitare contrasti tra l'interesse

pubblico alla diffusione dei servizi essenziali e lo scopo di lucro proprio dell'imprenditore privato. Grazie all'impresa pubblica si riuscivano, inoltre, ad evitare frodi da parte dei privati (monopolio per la coniazione delle monete) ed, infine, costituiva un importante strumento di politica economica (redistribuzione, stabilizzazione, sviluppo dei settori strategici per l'economia di un paese). Nella seconda metà del novecento l'esercizio di attività imprenditoriali a partecipazione pubblica ha avuto come principali finalità:

- ridurre gli squilibri nella distribuzione della ricchezza tra le diverse Regioni;
- produrre beni essenziali (case) per offrirli a condizioni più favorevoli;
- controllare la produzione nei settori che determinano lo sviluppo del paese.

L'impresa pubblica può manovrare i **prezzi** dei propri prodotti nei vari settori in modo da attuare determinati obiettivi di politica economica. In questo senso:

- ridistribuisce attraverso l'applicazione di prezzi politici (inferiori ai costi) alle categorie più deboli o in settori da incentivare(giovani, settore agrario);
- stabilizza, abbassando o alzando i prezzi nei periodi di recessione o espansione;
- promuove lo sviluppo attraverso incentivi per l'industrializzazione.

L'espansione del sistema delle pubbliche imprese produce non pochi effetti negativi: condizionamenti politici sulle scelte di gestione, inefficienze e sprechi, disavanzi di bilancio, spiazzamento delle iniziative private. Per questi motivi è stato dato l'avvio ad una politica di *privatizzazione*. In Italia la *privatizzazione* è stata attuata in due fasi. In un primo momento le aziende autonome che dipendevano dai ministeri e dagli enti pubblici economici, sono state trasformate in S. p. A.. Successivamente le quote di queste società sono state vendute ai privati. Contemporaneamente sono state vendute le quote possedute dallo Stato nelle società a partecipazione pubblica.

Unità 6. Le teorie sul bilancio dello Stato

L'approccio dottrinale rispetto alla modalità con cui doveva agire lo Stato nella gestione del bilancio per favorire gli obiettivi economici si articolano in tre diversi filoni: le teorie sul pareggio di bilancio, le teorie sul bilancio ciclico e le teorie sul bilancio funzionale.

Le teorie sul pareggio di bilancio sostenevano che l'economia trova un suo equilibrio naturale per via degli automatismi realizzati dal mercato in maniera spontanea grazie al meccanismo della domanda e dell'offerta. Queste teorie, di matrice liberista, attribuivano al bilancio dello Stato un ruolo neutrale e cioè quello di garantire il pareggio tra le spese e le entrate dello Stato utilizzando il meccanismo del disavanzo solo per finanziare eventuali guerre.

Le teorie sul bilancio ciclico, riconoscendo dopo la principale crisi economica nota come crisi del '29 che l'economia può non autoregolarsi e causare gravi instabilità anche a livello mondiale, attribuivano al bilancio dello Stato una duplice funzione a seconda del ciclo economico che l'economia di uno o più Stati stesse attraversando: aumento della spesa pubblica e riduzione delle imposte in fasi recessive, e al contrario riduzione della spesa pubblica e diminuzione delle imposte in fasi espansive o inflattive, per accantonare risorse finalizzate a supportare i periodi di crisi o stabilizzare l'economia.

Le teorie sul bilancio funzionale di matrice keynesiana mettevano in pratica le misure ideate da Keynes per realizzare il benessere economico. Partendo dal presupposto che ogni economia si attesta su un sotto equilibrio economico che genera disoccupazione e carenza della domanda globale (chi è disoccupato non percepisce reddito il che incide negativamente su consumi e risparmi mettendo in crisi il circuito economico) il bilancio funzionale deve essere redatto in funzione di questo sottoequilibrio, dunque deve aumentare la spesa pubblica per quel che concerne le spese per investimento in modo da assorbile la offerta di lavoro e far ripartire l'economia. L'attuazione in maniera distorta delle teorie keynesiane per decenni (aumento di spesa corrente e assistenzialismo) ha generato disavanzi economici che hanno generato teorie sul Bilancio neoliberiste e costretto le nazioni soprattutto europee (Italia, Spagna, Grecia, Irlanda, Portogallo) ad attuare politiche di bilancio di forte contrazione della spesa pubblica, in quanto l'Unione europea ha imposto il Patto di Stabilità agli Stati membri, il pareggio di bilancio nelle Costituzioni degli Stati membri (in Italia Legge costituzionale 1/2012) cui seguì Il MES, noto come Meccanismo europeo di Stabilità che prevedeva l'erogazione di prestiti alle nazioni in difficoltà in cambio di riformr strutturali per il contenimento del debito sovrano. La diffusione del Covid 19 nel 2020 ha comportato poi un periodo di forte indebitamento dovuto alla crisi economica e lo stanziamento to in Europa di fondi (Recovery Fund) per aiutare le nazioni in difficoltà economica attraverso un piano di assegnazione denominato PNRR.

PARTE SECONDA

IL DIRITTO TRIBUTARIO

Modulo 1. Il sistema tributario

Unità 1. Il sistema tributario italiano

Il sistema tributario è l'insieme coordinato di tutti i tributi vigenti in uno stato in un determinato periodo. Essendo strettamente collegato alla realtà socio-economica di un paese, esso si modifica e si adegua ai cambiamenti di questa ultima. Ciò è accaduto anche in Italia dove, prima della riforma del 1971, i tributi erano tantissimi, mal coordinati tra loro sia a livello statale che locale. Dopo la riforma, che rese il sistema più moderno ed adeguato ai principi costituzionali, tuttavia non si riuscì nel tentativo di semplificare le leggi tributarie, né di ridurre il numero dei tributi, sempre troppo numerosi mentre il sistema di controllo continuava ad essere inadeguato soprattutto per ciò che concerne la lotta all'evasione, sempre molto elevata in alcuni settori (imprese, lavoro autonomo, società) e troppo gravoso per altri settori (lavoro subordinato). Negli anni '90 i difetti del sistema erano ormai evidenti: era necessario adeguare l'imposizione ai mutamenti dovuti allo sviluppo fiscale ed al decentramento istituzionale. Nel 1992 viene istituita L'ICI e si è rafforzata l'imposizione locale e nel 1997, con l'istituzione dell'IRAP, che è un tributo regionale, questa tendenza al decentramento impositivo è stata ulteriormente rafforzata così come la disciplina dell'IVA che è stata adeguata alla normativa comunitaria. Infine, nel 2003, è stata disposta con *legge delega* una ristrutturazione del sistema dei tributi statali che avrebbe dovuto articolarsi in cinque imposte: due dirette (imposta sul reddito Ire, imposta sul reddito delle società,

IRES) e tre indirette (IVA, imposta sui servizi e accisa). In realtà, solo la normativa relativa all'IRES è stata realizzata (imposta sul reddito delle società) al posto dell'IRPEG (imposta sul reddito delle persone giuridiche).
Attualmente il sistema tributario comprende:

L'anagrafe tributaria.

Per combattere l'evasione fiscale nel 1971 è stata introdotta **l'anagrafe tributaria**. Ha compiti di raccolta e di elaborazione dei dati che indicano la capacità contributiva dei singoli soggetti e di smistamento dei dati agli uffici preposti all'accertamento. In sostanza contiene tutte le notizie che riguardano la capacità contributiva di un soggetto: acquisto di un immobile, stipulazione di un affare, partecipazione a società ecc. ecc.
Per identificare i contribuenti esiste un archivio anagrafico, per cui ad ogni contribuente viene assegnato un codice fiscale, che va indicato negli atti fiscalmente rilevanti (contratti, fatture, ecc. ecc.). Ogni soggetto deve indicare negli atti e nei documenti previsti dalla legge, perché indicativi della capacità contributiva, il codice fiscale. Ciò fa sì che tutti i dati riferibili al soggetto e memorizzati nell'archivio siano facilmente rintracciati ed utilizzati come elementi di riscontro e accertamento.
Lo Statuto del contribuente riconosce i diritti dei contribuenti e stabilisce il principio in base al quale i rapporti tra l'amministrazione finanziaria ed i contribuenti devono essere improntati a trasparenza, buona fede e collaborazione. Le novità introdotte col D.Lgs. n. 219 del 30 dicembre 2023 contengono modifiche allo Statuto dei diritti del contribuente. Prevedono l'obbligo del contraddittorio, per cui gli atti autonomamente impugnabili dinanzi agli organi della giurisdizione tributaria sono preceduti, a pena di annullabilità, da un contraddittorio informato ed effettivo. Prevista, anche, l'introduzione di importanti norme in tema di annullabilità degli atti, nullità degli stessi e vizi di notificazione.

Inoltre, con il nuovo decreto legislativo viene istituito il Garante nazionale del contribuente, organo monocratico con sede in Roma che opera in piena autonomia su segnalazione dei contribuenti, è un organo consultivo scelto e nominato dal Ministro dell'economia e delle finanze per la durata di quattro anni, rinnovabile una sola volta tenuto conto della professionalità, produttività ed attività svolta.

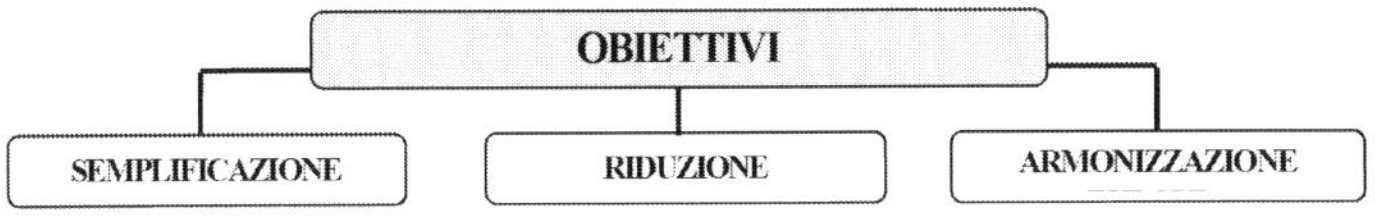

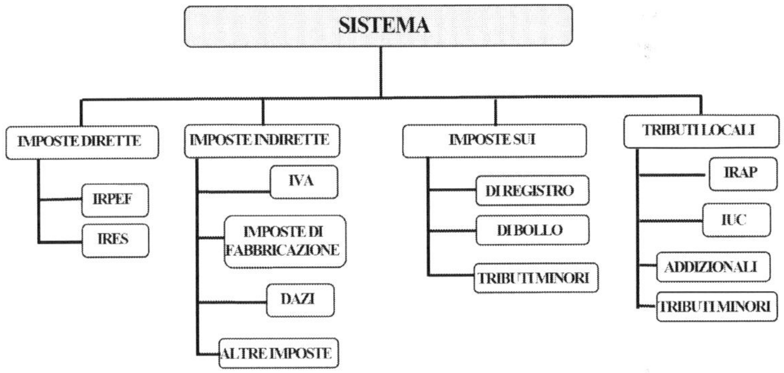

Unità 2. Le imposte dirette statali

Le imposte dirette hanno come presupposto le manifestazioni di ricchezza dirette ed immediate, consistenti nel conseguimento di redditi o nel possesso di un patrimonio. Nel primo caso si hanno le imposte sul reddito, mentre nel secondo caso le imposte sul patrimonio. L'*oggetto* delle imposte sul reddito è costituito dal flusso di ricchezza di cui il soggetto dispone in un determinato periodo di tempo. Il concetto di reddito può essere inteso in due modi:

1. *come prodotto*: in senso più ristretto il reddito prodotto è quello che proviene da una fonte produttiva (terra, capitale, lavoro, impresa) e che viene percepito dal soggetto come compenso per il contributo dato alla produzione (rendita della terra, interesse del capitale, salario del lavoro, profitto dell'impresa);
2. *come entrata*: in senso più ampio per reddito si intende ogni elemento di ricchezza, di qualunque origine, che perviene ad un soggetto in un determinato periodo di tempo; quindi, entrate percepite senza il contributo dato alla produzione (sussidi, vincite, eredità, plusvalenze). Il concetto di reddito come entrata è più adatto ad adeguare l'imposta alla capacità contributiva.
3.

Ai fini dell'imposizione, cioè dell'individuazione del reddito, è rilevante il *reddito netto* ovvero quello dal quale siano stati detratti i costi per la sua produzione, che viene considerato dal legislatore come reddito effettivo. Diverso è il concetto di *reddito presunto* ossia quello che, in circostanze normali, si può ottenere da un bene o da un'attività.

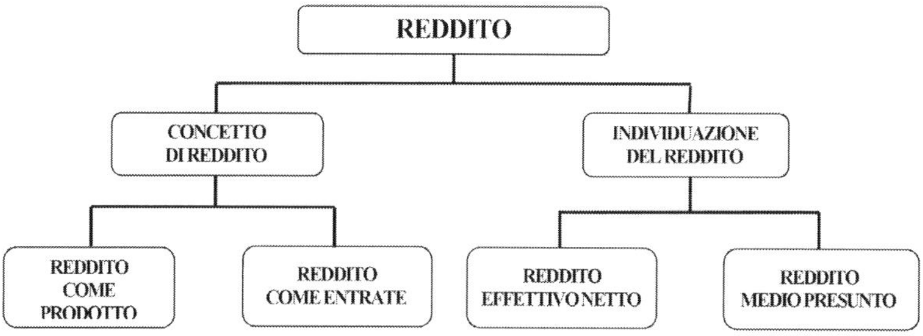

Le imposte sui redditi IRPEF e IRES.

Le imposte sui redditi sono regolate dal testo unico del '86, ristrutturato nel 2003 e sono l'IRPEF e l'IRES.

L'imposta sul reddito delle persone fisiche è un'imposta personale, perché prende in considerazione la situazione personale e familiare della persona fisica, progressiva perché l'aliquota aumenta all'aumentare del reddito, generale perché si applica a tutte le persone che hanno capacità contributiva ed a tutti i tipi di reddito posseduti. Il suo presupposto è il possesso di redditi da parte di una persona fisica. I soggetti passivi sono le persone fisiche residenti in Italia che dispongono di un reddito; le persone fisiche residenti all'estero per i redditi prodotti in Italia. Per quanto riguarda le società di persone, prive di personalità giuridica, i soggetti passivi dell'imposta sono i singoli soci; per quanto concerne l'impresa familiare al titolare è attribuito il 51% del reddito, mentre ai familiari il rimanente 49%. Oggetto dell'imposta è il reddito netto complessivo annuale che fa capo ad un contribuente, in denaro o in natura, conseguito in Italia e all'estero (con credito d'imposta per evitare una doppia imposizione).

Determinazione della base imponibile.

Il reddito complessivo è dato dal valore monetario di tutti i redditi netti. Dal momento che i vari tipi di reddito presentano caratteristiche eterogenee, la legge individua i tipi di reddito e li classifica in categorie secondo la fonte da cui provengono. Dal reddito complessivo vanno sottratti gli oneri deducibili (spese sostenute dal contribuente) nei casi espressamente previsti dalla legge (spese mediche, contributi previdenziali, previdenziali ed assistenziali, assegno di mantenimento in caso di separazione, ecc. ecc.). Ad esempio, se un contribuente percepisce 20. 000 euro l'anno ed è gravato da 2. 000 euro annui di oneri, la sua base imponibile, cioè la quota di reddito sulla quale pagherà i tributi, diventerà 18. 000 euro e, diminuendo l'imponibile, verserà meno tasse al fisco. È prevista, inoltre, una deduzione per assicurare la progressività che ha la funzione di alleggerire il carico fiscale sui redditi medio-bassi con particolare riguardo verso quelli derivanti dal lavoro.

Aliquote ed imposta lorda.
Il reddito complessivo del contribuente al netto degli oneri deducibili, costituisce la base imponibile sulla quale vengono applicate le aliquote. Quest'ultime sono fissate secondo il criterio della progressività per scaglioni di reddito e, ad oggi, sono 3: 23% per i redditi fino a 28.000 euro, 35 per i redditi da 28.001 a 50.000, 43% per i redditi oltre i 50.000. Applicando le aliquote alla base imponibile, viene determinata l'imposta lorda, detta così perché su di essa devono ancora essere calcolate le detrazioni previste dalla legge.

Detrazione ed imposta netta.
Dall'imposta lorda vengono sottratte le detrazioni che spettano nella misura del 19% della spesa sostenuta. Mentre la deduzione fa diminuire l'imponibile, la detrazione fa diminuire l'imposta che da lorda diventa netta.

I crediti d'imposta.
Dall'ammontare dell'imposta netta, vanno ulteriormente detratti i crediti d'imposta che spettano principalmente a chi produce redditi tassati anche all'estero: per evitare di pagare un'imposta doppia, il contribuente può detrarre dall'imposta netta l'ammontare delle imposte pagate all'estero.

Ritenute e versamenti d'acconto.
Ai fini della determinazione del reddito complessivo, i redditi vanno considerati nel loro insieme cioè al lordo delle ritenute (lavoratore dipendente) subite dal contribuente. Per i redditi non soggetti a ritenuta, il contribuente ha l'obbligo di effettuare, entro il mese di novembre, un versamento di acconto che poi va scomputato dalla imposta.

Le diverse categorie di reddito.

La legge stabilisce quali sono le categorie di redditi imponibili, con i relativi criteri di determinazione:

1. **redditi fondiari**, sono composti da:
   a. redditi dominicali dei terreni derivanti dal possesso di terreni agricoli;
   b. *redditi agrari* derivanti dal profitto dell'imprenditore agricolo;
   c. *redditi da fabbricati* derivanti dal possesso di unità immobiliari urbane.

La determinazione di questi tre tipi di reddito, avviene in base al catasto che è l'insieme dei registri contenenti la descrizione topografica dei terreni.

2. **redditi di capitale**: sono gli utili ed i proventi derivanti dall'impiego del capitale liquido e sono utili, proventi ed interessi. La tassazione ha luogo con ritenuta alla fonte. Se il reddito è percepito da persona fisica al di fuori dell'esercizio dell'impresa, non concorre a formare la base imponibile (regime sostitutivo), mentre se il reddito è percepito nell'esercizio dell'impresa, gli utili concorrono a formare la base imponibile;
3. **redditi da lavoro dipendente**: si ha quando il reddito percepito deriva da rapporti che hanno per oggetto, il lavoro dipendente. Rientrano nella categoria anche le pensioni, i Co. Co. Co., le borse di studio, le indennità per le pubbliche funzioni. Tutti questi redditi sono soggetti a ritenuta alla fonte a titolo di acconto;
4. **redditi da lavoro autonomo**: è quello derivante dall'esercizio di arti e professioni, cioè da attività produttive svolte con lavoro proprio, senza vincolo di subordinazione ed esercitate con continuità. Il reddito imponibile è costituito dalla differenza tra l'ammontare dei compensi e quello delle

spese sostenute che possono essere dedotte se inerenti l'esercizio della professione. Si determinano in base alle scritture contabili.

5. **redditi d'impresa**: derivano dall'esercizio d'imprese commerciali. Tale esercizio presuppone due requisiti: l'organizzazione economica di mezzi e l'esercizio di una ben definita attività (industriale, trasporto, bancaria, assicurativa o intermediazione). In buona sostanza riguarda le ditte individuali e società commerciali. La determinazione del reddito ha luogo in base alle scritture contabili ed in base alle norme presenti nel Testo Unico delle Imposte sui Redditi. La legge individua i componenti positivi (ricavi, plusvalenze, dividendi, interessi attivi) ed i componenti negativi del reddito d'impresa (spese ed oneri effettivamente sostenuti, interessi passivi, ammortamento dei beni strumentali, accantonamenti). Se il risultato è una perdita, l'imprenditore può dedurla dall'ammontare dei redditi conseguiti nello stesso periodo dell'imposta o effettuare il riporto della stessa nelle successive annualità.

L'IRES.

L'imposta sul reddito delle società è un'imposta proporzionale che grava sul reddito complessivo netto delle persone giuridiche e delle associazioni e organizzazioni non soggette all'IRPEF. È entrata in vigore il 1 gennaio 2004 in sostituzione della preesistente IRPEG. Presupposto è il possesso di redditi imponibili. Oggetto è il reddito netto complessivo annuale. L'aliquota è costante e attualmente è pari al 24% e al 20% per le imprese che investono in beni e attività tecnologiche.

Soggetti passivi sono:

1. le **società commerciali** con personalità giuridica e cioè le società di capitali (s.p.a., s.r.l., s.a.p.a.) le società mutualistiche (cooperative) e gli enti commerciali pubblici e privati diversi dalle società (enti pubblici economici);

2. gli **enti pubblici** e **privati** non commerciali (associazioni e organizzazioni culturali, assistenziali, religiose ecc.);
3. le **società**, gli **enti commerciali** e **non commerciali** che hanno sede e attività all'estero solo per i redditi prodotti in Italia.

Determinazione della base imponibile.

Avviene con criteri diversi per i diversi soggetti:

a. *società ed enti commerciali residenti*: in questo caso il riferimento è il reddito d'impresa, determinato in modo unitario attraverso la scelta opzionale tra:
   - il **regime di trasparenza fiscale** quando il reddito viene imputato ai soci in proporzione alle rispettive quote senza che si applichi l'IRES nei confronti della società; così si evita la doppia tassazione degli utili;
   - Il **regime del consolidato fiscale** ai fini dell'imputabilità integra tra loro i redditi delle società controllate purché la società controllante risieda nel territorio dello stato e possieda il 50% del capitale e degli utili.

Inoltre, le operazioni straordinarie come trasformazione, fusione o scissione sono fiscalmente neutre, ciò vuol dire che le modifiche societarie non realizzano né plusvalenze né minusvalenze (perdite) e non hanno, quindi, rilevanza sulla formazione del reddito;

b. *enti non commerciali residenti e non residenti*: l'imponibile è dato dal totale dei redditi posseduti al netto degli oneri deducibili;

c. *società ed enti commerciali non residenti*: nel caso abbiano un'organizzazione stabile in Italia, verrà applicato il criterio indicato alla lettera "**a**" mentre, se non esiste una stabile organizzazione in Italia, verrà applicato il criterio indicato alla lettera "**b**".

Quando nasce l'obbligazione tributaria, si instaura un procedimento per accertare l'imposta dovuta dal contribuente. L'accertamento è disciplinato dalla legge n. 600/73 più volte modificata ed integrata.

La dichiarazione dei redditi.

Per quanto riguarda le imposte sul reddito, vige il sistema dell'autotassazione basato sulla dichiarazione del contribuente. Ogni soggetto passivo deve dichiarare annualmente i redditi posseduti. I soggetti obbligati alla tenuta delle scritture contabili, devono presentare la dichiarazione anche in mancanza di redditi. La dichiarazione deve contenere l'indicazione degli elementi e dei dati necessari per la determinazione degli imponibili. I redditi privi di tali indicazioni si considerano come non dichiarati. Sono esonerati dall'obbligo della dichiarazione:

- le persone fisiche che non possiedono alcun reddito oppure le persone fisiche che hanno percepito solo reddito da lavoro dipendente e possiedono la sola abitazione principal;
- le persone fisiche che possiedono solo redditi esenti (pensioni sociali) o redditi soggetti alla ritenuta alla fonte a titolo d'imposta.

La dichiarazione deve essere redatta sui modelli predisposti dall' *Agenzia delle Entrate*. Il modello che interessa la maggior parte dei contribuenti, è il modello unificato che comprende:

- dichiarazione dei redditi;
- IVA;
- dichiarazione IRAP.

Tale sistema, introdotto nel 1998, semplifica gli obblighi dichiarativi annuali concentrandoli in un unico adempimento; con

questo sistema è, inoltre, possibile compensare le somme a debito e le eccedenze a credito relative ai vari tributi.
Una notevole semplificazione negli adempimenti dichiarativi è prevista per i lavoratori dipendenti, pensionati e per i lavoratori assimilabili a questi, che possono presentare la dichiarazione sul modello 730 avvalendosi dell'assistenza fiscale del *sostituto d'imposta* (soggetto che versa al fisco l'imposta dovuta dal contribuente per poi rivalersi sullo stesso mediante trattenuta sullo stipendio) o di un *CAF* (Centro di Assistenza Fiscale) autorizzato dal Ministero dell'Economia che assiste il contribuente. Il soggetto assistito non è tenuto a far calcoli per la determinazione del suo imponibile, ma limitarsi a dichiarare i dati riguardanti i redditi posseduti, familiari a carico ed eventuali detrazioni e detrazioni prevista.

Controlli.
Le dichiarazioni dei redditi sono sottoposte al controllo dell'*Agenzia delle Entrate* che ne verifica correttezza e veridicità e che provvede alla liquidazione automatica dell'imposta, in base agli elementi risultanti dalla stessa dichiarazione (correzione degli errori, controllo delle deduzioni, detrazioni e crediti d'imposta). Segue il controllo formale delle dichiarazioni: l'Agenzia delle Entrate chiede al contribuente di fornire chiarimenti e di presentare i documenti relativi ai dati dichiarati. In tale fase l'amministrazione può correggere gli errori, escludere le deduzioni, detrazioni e crediti d'imposta non spettanti. Dopodiché viene liquidata l'imposta.
Dal controllo formale va distinto l'accertamento con cui si esercita un controllo sostanziale nei confronti del contribuente. Per queste attività gli uffici si avvalgono di informazioni ed indagini volte ad accertare la veridicità delle dichiarazioni presentate che si concretano:

- *ispezioni e verifiche*, compiute con l'ausilio della Guardia di Finanza;
- *inviti di comparizioni* ai contribuenti per fornire dati e notizie rilevanti;
- *invio dei questionari* ai contribuenti da rinviare compilati e firmati;
- *richieste alle banche* di copia dei conti dei contribuenti (non vi è segreto bancario nei confronti del fisco).

Tutto ciò avviene nel rispetto dei diritti dei contribuenti (diritto all'assistenza, diritto di essere informato sui procedimenti, diritto alla minor turbativa nei confronti della sua attività economica).

Accertamento.
In base alle indagini effettuate, gli uffici fiscali procedono all'accertamento in rettifica che ha luogo in maniera analitica, cioè basandosi su documenti certi (bilanci, scritture contabili) o su fatti certi. Se il reddito complessivo dichiarato di una persona fisica è inferiore di 1/4 rispetto a quello presumibile, l'ufficio lo determina sinteticamente basandosi su elementi presuntivi certi, come il *redditometro* basato su coefficienti applicabili ad indicatori della capacità contributiva (aeromobili, imbarcazioni, autoveicoli, residenze secondarie, collaboratori familiari, cavalli, ecc. ecc.).
Per i redditi che si determinano in base alle scritture contabili (redditi di impresa, di lavoro autonomo delle persone fisiche, redditi di persone giuridiche soggette ad IRES) l'accertamento in rettifica avviene:

- quando i dati nella dichiarazione risultino falsi, inesatti o incompleti a seguito di ispezioni;
- quando il contribuente non applica le norme di legge di legge nel determinare il reddito.

Sempre nei confronti di questi redditi si applicano gli studi di settore che si basano sull'analisi di alcuni elementi indicativi del reddito (spese per il personale, capitale investito, compensi a terzi,

ecc. ecc.). Ne deriva una tabella di indicatori il cui risultato è un ricavo di riferimento con cui si confronta il ricavo dichiarato dal contribuente. L'accertamento in rettifica si deve sempre basare sulle scritture contabili; solo eccezionalmente avviene con il metodo induttivo, cioè quando solo per i redditi d'impresa, non ci sono scritture contabili o non è allegato il bilancio o sono presenti gravi irregolarità e falsificazioni, l'ufficio determina il reddito in maniera presunta.
Nei confronti dei contribuenti che omettono la dichiarazione, gli uffici procedono all'accertamento d'ufficio con il metodo induttivo.
L'avviso di accertamento deve essere motivato e indicare tutte le indicazioni prescritte dalla legge a pena di nullità e deve essere notificato al contribuente nei termini di legge per dare la possibilità a quest'ultimo, di ricorrere contro l'accertamento stesso (contenzioso tributario).

Le scritture contabili.
Ai fini dell'accertamento hanno un'importanza fondamentale le scritture contabili: se sono tenute regolarmente, l'ufficio deve attenersi alle loro risultanze. Il reddito d'impresa viene determinato sulla base degli utili e delle perdite risultanti dal conto economico e delle scritture contabili. La legge prevede due regimi di contabilità:

1. **ordinaria** che prevede la tenuta del *libro giornale* e *libro inventario*, di *scritture ausiliare*, di *registri IVA* e del *libro soci*;
2. **semplificata** che riguarda le imprese minori non soggette ad **IRES** obbligate però a tenere tutti i dati utili per la determinazione del reddito netto complessivo. La semplificazione rende più difficile l'accertamento analitico dell'effettivo ammontare dell'imponibile. La contabilità semplificata è tenuta anche dagli esercenti le arti e professioni, che sono però liberi di optare per il regime di contabilità ordinaria.

Le ritenute alla fonte.
Un altro strumento destinato a rendere più sicuro l'adempimento fiscale, è il sistema delle *ritenute fiscali* che è previsto per i redditi di lavoro ed i redditi di capitale. Il sistema della ritenuta con rivalsa, impone particolari obblighi al sostituto d'imposta il quale da un lato è obbligato a rivalersi nei confronti del contribuente, e dall'altro è soggetto debitore nei confronti dello stato. Sui redditi di lavoro dipendente sono previsti una *ritenuta a titolo di acconto* all'atto del pagamento della retribuzione lavorativa, ed un *conguaglio* alla fine del periodo d'imposta che il datore di lavoro deve effettuare. Il prelievo così effettuato libera il contribuente da qualsiasi obbligo fiscale se egli non possiede altri redditi.

Riscossione.
La riscossione delle imposte sui redditi, può avvenire mediante:
1. **ritenuta diretta**: la riscossione per ritenuta diretta è contraddistinta dal fatto che lo stato nel contempo, è debitore di un compenso verso il lavoratore e creditore d'imposta su tale reddito. In questi casi l'amministrazione statale trattiene l'importo del tributo nel momento stesso in cui corrisponde il reddito al contribuente;
2. **versamento diretto**: in questo caso il contribuente ha il dovere di pagare di sua iniziativa l'imposta dopo averne verificato l'importo. Tutti i contribuenti che percepiscono redditi non soggetti a ritenuta, sono obbligati a versare annualmente un acconto sull'imposta dovuta che va corrisposto in due rate: la prima pari al 40% dell'acconto entro il 20 giugno, e la seconda, a saldo, entro il 30 novembre;
3. **iscrizione nei ruoli**: la riscossione mediante ruoli, ha per oggetto le imposte accertate dagli uffici fiscali e le somme dovute a titolo di sanzioni pecuniarie. I ruoli sono elenchi che

contengono i nomi dei contribuenti ed indicano, per ciascuno di essi:

- i dati fiscali;
- il totale degli importi iscritti a ruolo;
- il periodo d'imposta e la data in cui il ruolo diventa esecutivo;
- la motivazione della pretesa tributaria.

Unità 4. L'Imposta sul Valore Aggiunto (IVA)

L'IVA si configura come un'*imposta sugli scambi* e colpisce i passaggi di beni e servizi fra produttori, commercianti e consumatori. Le imposte sugli scambi, colpendo un gran numero di operazioni, procurano un gettito elevato. Ciò accade perché si commisurano ai prezzi delle merci e dei servizi e, quindi, il loro gettito segue ogni rialzo di prezzo. Le imposte sugli scambi, inoltre, sono conglobate al prezzo, per cui il loro onere non è distintamente avvertito dal contribuente. Per questi motivi tali imposte sono in molti stati, tra cui l'Italia, i pilastri del bilancio. Non mancano tuttavia i difetti: l'effetto negativo sulla capacità concorrenziale degli imprenditori, la generalità della loro applicazione che la porta a cadere anche su scambi di beni di prima necessità.
L'IVA è l'*imposta sul valore aggiunto*. Colpisce solo l'incremento di valore conseguito da un bene ad ogni passaggio economico (ad esempio dal produttore, al venditore, al consumatore); è *neutra* perché la sua incidenza non varia in relazione al numero dei passaggi, è *trasparente* perché non viene incorporata nel prodotto ma resta in evidenza. È, però, un'imposta di una certa complessità applicativa.

PRESUPPOSTO → cessione di beni e prestazioni di servizi effettuati nell'esercizio di imprese, arti o professioni nel territorio dello Stato; le importazioni da chiunque effettuate. Le esportazioni non danno luogo al pagamento dell'IVA.

SOGGETTI PASSIVI → gli imprenditori, gli esercenti arti e professioni, i produttori agricoli, gli enti commerciali o che esercitano attività agricola e gli importatori.

BASE IMPONIBILE → l'ammontare complessivo dei corrispettivi dovuti al cedente (venditore, imprenditore) o al prestatore d'opera (arti e professioni) secondo le condizioni contrattuali. All'imponibile viene applicata l'aliquota del 22% (ordinaria), del 10% (ridotta per beni e servizi di largo consumo ovvero generi alimentari, medicinali, servizi di alberghi e ristoranti, edilizia,, spettacoli ecc. ecc.) e del 4% per beni e servizi di prima necessità. La legge di stabilità 2016 introduce una nuova aliquota al 5% per le prestazioni rese in favore di anziani, inabili adulti, tossicodipendenti, minori disadattati o in devianza, persone migranti senza fissa dimora richiedenti asilo, persone detenute.

Il meccanismo di applicazione.
Dopo che il contribuente determina l'imposta, ne addebita l'intero importo all'acquirente del bene o al committente del servizio a titolo di rivalsa. In pratica i produttori, i commercianti e gli esercenti arti e professioni, non subiscono alcun costo in relazione all'imposta perché, attraverso il meccanismo di rivalsa nei successivi passaggi, lo addossano interamente al consumatore finale (senza effetti cumulativi e, quindi, indipendentemente dal numero di passaggi).

Documentazione.
Per evitare che imprenditori, commercianti ed esercenti arti e professioni sottraggano imponibile al pagamento dell'IVA, la legge prescrive una documentazione: *LA FATTURA*, strumento

fondamentale per l'applicazione dell'IVA. Con l'obbligo di fattura è possibile per il fisco, accertare le operazioni imponibili ed attuare controlli incrociati tra acquirenti e venditori, tanto che l'IVA può risultare uno strumento fiscale di grande efficacia per la determinazione della capacità contributiva del soggetto ai fini dell'imposizione diretta. La *RICEVUTA FISCALE* e *LO SCONTRINO FISCALE* devono essere emessi per ogni operazione per la quale non è obbligatoria l'emissione della *FATTURA*. La ricevuta è usata per le prestazioni di servizi; lo scontrino fiscale ha luogo per le cessioni di beni. L'accertamento viene effettuato dall'Agenzia delle Entrate attraverso controlli ed indagini cui seguono, in base ai risultati, gli accertamenti in rettifica mediante confronti tra gli elementi presenti nella dichiarazione ed i dati emersi in sede di verifica.

Le altre imposte indirette.
A differenza dell'IVA si tratta di imposte speciali che non comportano rivalsa, ma sono a carico del produttore del bene oggetto dello scambio. Tale produttore, tuttavia, col meccanismo economico della traslazione, (il contribuente riversa l'onere dell'imposta su un altro soggetto che ne sopporta l'effettivo carico) non ne sopporta il carico perché aumenta il prezzo del bene. Sono:

1. i **monopoli fiscali** che riguardano la vendita, da parte dello Stato, di tabacchi e le attività di gioco (lotto, lotterie ecc. ecc.) il cui prezzo di mercato è comprensivo di una somma a titolo di imposta;
2. le **imposte di fabbricazione** (accise) sui prodotti petroliferi, alcolici, sul carbone, e l'energia elettrica sono a carico dei produttori delle merci e riguardano beni la cui produzione è concentrata in poche imprese;
3. i **dazi doganali** colpiscono i beni in occasione della loro circolazione da uno Stato all'altro. Generalmente si applicano al momento dell'importazione;

4. le **imposte sui trasferimenti** hanno per oggetto la ricchezza che si trasferisce a titolo oneroso o a titolo gratuito. Le più importanti sono:
   - **L'imposta di registro** che si applica agli atti soggetti a registrazione (trasmissione di proprietà, donazioni, locazioni, atti delle società);
   - **L'imposta di bollo** che si applica ad un gran numero di atti indicati dalla legge e si riscuote attraverso la carta bollata, le marche da bollo ecc.

Unità 1. La finanza locale

Lo Stato governa, gestisce i bisogni e soddisfa gli interessi della collettività nazionale e degli enti territoriali, che avendo una struttura analoga a quella dello Stato (popolo, territorio e sovranità), governano ed esprimono i bisogni **delle collettività locali**. Di conseguenza l'attività finanziaria si svolge a diversi livelli.
Negli "**Stati centralizzati**" vi sono due soli livelli: quello *statale* e quello *locale* (piccoli enti amministrativi).
Negli "**Stati decentrati**" vi è un altro livello intermedio, costituito dagli *enti territoriali*, mentre negli "**Stati federali**" vi sono anche *stati membri* oltre che gli *enti regionali* e *locali*.

L'autonomia degli enti territoriali, si manifesta sotto 5 profili diversi:

1. **autonomia statutaria** consiste nel poter disciplinare il proprio ordinamento giuridico attraverso lo statuto (atto normativo che contiene principi e norme fondamentali e di carattere generale);

2. **autonomia politica** consiste nel poter scegliere gli obiettivi politici e gli strumenti;
3. **autonomia normativa** emanazione di norme giuridiche che disciplinano le materie di competenza;
4. **autonomia amministrativa** emanazione di provvedimenti per organizzare i propri uffici e per realizzare concretamente gli interessi della popolazione.
5. **autonomia finanziaria** gestire attraverso un proprio bilancio le risorse disponibili;

Il riconoscimento delle autonomie territoriali nella Costituzione italiana, è affermato dall'art. 5. Nel 2001 la legge di revisione costituzionale art. 114 ha attribuito la **potestà statutaria** a tutti gli enti territoriali e, per quanto riguarda il potere legislativo, determina tassativamente le materie di competenza dello Stato, mentre su tutte le altre possono legiferare direttamente le Regioni; un ulteriore rafforzamento dell'autonomia è stato bocciato dal referendum costituzionale del 2006. Per quanto riguarda la **potestà amministrativa**, i compiti amministrativi devono essere svolti dagli enti di dimensioni minori secondo il principio di **sussidiarietà**[3] dunque principalmente dai Comuni. Per quanto riguarda l'**autonomia finanziaria** che prima era attribuita solo alle Regioni, adesso spetta anche agli enti minori. L'art. 117 della Costituzione, revisionato con legge di revisione costituzionale n. 3 del 18/10/2001, elenca tassativamente la potestà legislativa esclusiva in alcune materie:

- diritto di asilo, immigrazione, politica estera;
- forze armate e difesa;
- stato e confessioni religiose;
- moneta;

3 Secondo tale principio i compiti amministrativi devono essere svolti dagli enti di dimensioni minori che sono più vicini ai cittadini mentre ali enti più grandi competono finzioni via via di interesse più generale.

- ordine pubblico e sicurezza;
- anagrafe e cittadinanza;
- giurisdizione e norme processuali;
- norme generali sull'istruzione;
- previdenza sociale;
- legislazione elettorale;
- dogane;
- ambiente;

Sono invece materie a legislazione concorrente tra Stato e Regioni:

- commercio con l'estero;
- istruzione e formazione professionale;
- tutela e sicurezza del lavoro;
- ricerca scientifica;
- salute, alimentazione e sport;
- trasporti, comunicazione, energia;
- armonizzazione dei bilanci e coordinamento tra finanza statale e locale;
- beni culturali;
- risparmio e credito attraverso aziende a carattere regionale.

Nel nuovo quadro legislativo, gli enti territoriali sono autosufficienti da un punto di vista finanziario art. 119, cioè hanno risorse proprie e autonomia di spesa; possono applicare tributi propri coordinandoli con la finanza statale. Tali tributi sono: "tributi propri" e compartecipazioni al gettito statale. Gli enti territoriali hanno un proprio demanio e un proprio patrimonio e possono ricorrere all'indebitamento solo per gli investimenti. È istituito un fondo **perequativo** (distribuzione di risorse secondo un criterio di equità) per gli enti con minore capacità contributiva in relazione alle peggiori condizioni economiche.

La finanza statale e locale.

In un sistema fiscale centralizzato le politiche finanziarie e tributarie hanno luogo su base nazionale: è lo Stato che provvede al fabbisogno finanziario di ciascun ente trasferendogli fondi dall'erario statale mentre sono pochi i tributi autonomi. In un sistema del genere è dunque sempre lo Stato centrale che decide quante risorse attribuire agli enti locali e come e quante questi ne debbano spendere in base a leggi nazionali. Fino a pochi anni fa il nostro sistema era centralizzato e vi erano forti squilibri tra la finanza statale e quella locale dovuti al fatto che gli enti erano portati ad espandere le spese anche senza copertura finanziaria, salvo poi riceverla con trasferimenti dallo Stato. Negli anni 90' si è cominciato ad attribuire agli enti locali maggiore autonomia impositiva attraverso il sistema del federalismo fiscale in base al quale il Governo statale deve provvedere soltanto a quei servizi pubblici dei quali beneficia l'intera collettività nazionale mentre i beni e i servizi che soddisfano i bisogni collettivi locali vanno prodotti dagli enti locali e finanziati dalla popolazione residente in loco. Sotto il profilo delle entrate, in ugual maniera è l'ente che deve provvedere attraverso prelievi tributari propri, e, in minima parte, attraverso trasferimenti statali. Ciò si traduce in una maggiore responsabilità sotto il profilo delle politiche di bilancio dal momento che gli enti territoriali devono rispettare i vincoli di spesa derivanti dalle proprie politiche di entrata e realizzare una gestione più produttiva ed efficiente e meglio controllabile da parte delle popolazioni locali alle quali poi devono rispondere in sede elettorale. Vi sono dei rischi e aspetti negativi:

- pericolo di un'eccessiva pressione tributaria;
- difformità di imposizioni da località a località e rischi di sperequazioni verso i cittadini con minore capacità impositiva;
- possibile accentuazione delle disuguaglianze territoriali;
- possibile spostamento di persone e capitali verso aree più ricche e produttive a discapito di territori più poveri.

Per evitare ciò sono necessarie politiche economiche statali di coordinamento tra la finanza locale e quella statale e opportuni trasferimenti di risorse verso le regioni più povere a scopo perequativo.
Il principale obiettivo della finanza locale è il soddisfacimento dei bisogni delle popolazioni locali, seguono le politiche di redistribuzione di redditi e risorse locali. Sviluppo, stabilizzazione e redistribuzione sono politiche riservate allo Stato. Gli strumenti sono: spesa per i servizi locali, tributi propri, trasferimenti statali, demanio e patrimonio, attività economiche affidate ad enti e società concessionarie (vedi imprese pubbliche), indebitamento finalizzato al solo investimento.

Unità 2. I tributi locali

Le entrate delle Regioni.
Il nuovo testo dell'art. 119 della Costituzione, riconosce alle Regioni il potere di stabilire tributi propri in armonia con i principi di coordinamento della finanza pubblica con quella locale stabiliti dalla Costituzione.

1. Il più importante tributo regionale è l'**IRAP** (*imposta regionale sulle attività produttive*). L'**Irap** è:
   - **Un'imposta reale**, poiché colpisce la produzione di beni e servizi indipendentemente dalla situazione personale del contribuente;
   - **Un imposta territoriale**, poiché ciascuna Regione può applicarla solo alle attività che si svolgono nel territorio della Regione;
   - **Un'imposta generale**, in quanto colpisce tutte le attività produttive svolte in sede regionale.

Il presupposto è l'esercizio abituale di un'attività organizzata diretta alla produzione o allo scambio di beni e servizi esercitata da società o enti compresi quelli dello Stato.
I **soggetti passivi** sono:

a. Le società e gli enti commerciali soggetti all'IRES;
b. Le s. n. c. e le S. a. s.;
c. Le persone fisiche e le società semplici che esercitano attività commerciali;
d. Le persone fisiche e le società semplici che esercitano arti e professioni;
e. I produttori agricoli;
f. Gli enti non commerciali;
g. Gli organi degli enti locali e degli enti territoriali.

La **base imponibile** è costituita dal valore della produzione netta derivante dall'attività esercitata nel territorio della Regione.

L'**aliquota** ordinaria è al 4,25%.

1. L'**addizionale IRPEF** è un altro tributo regionale; la base imponibile è la stessa ai fini Irpef, l'aliquota varia dallo 0,90% all'1,4%;
2. Le **tasse automobilistiche** si applicano ai veicoli immatricolati nel territorio della Regione.

I tributi locali, precedentemente ICI, successivamente IMU, e la TARI. Sono le imposte comunali sugli immobili (non sulla prima casa e sullo smaltimento dei rifiuti. L'IMU è un'imposta patrimoniale; il suo **presupposto** è il possesso di immobili, il **soggetto passivo** è il possessore di un reddito, il **soggetto attivo** è il Comune, **la base imponibile** è costituita dal valore patrimoniale dell'immobile e si calcola in relazione alle rendite

catastali, **l'aliquota** varia dal 4 al 7 per mille e sono previste detrazioni per l'abitazione principale.
L'addizionale comunale all'Irpef viene applicata alle persone fisiche residenti nel territorio del Comune.
L'imposta comunale sulla pubblicità, si applica a manifesti, insegne e forme pubblicitarie esposti negli spazi comunali.

ISBN 9788898470662

Printed in Dunstable, United Kingdom

91342775R00086